위대한 혁명가 카를 마르크스

위대한 혁명가 카를 마르크스

ⓒ 박성원, 2005

초판 1쇄 인쇄일 | 2005년 12월 09일
초판 1쇄 발행일 | 2005년 12월 14일

지은이 | 박성원
펴낸이 | 김현주
펴낸곳 | 이룸

편　집 | 황남상
디자인 | 이현희
제　작 | 김동영 · 조명구

출판등록 | 1997년 10월 30일 제10−1502호
주소 | 121−210 서울시 마포구 서교동 395−172 상록빌딩 2층
전화 | 편집부 (02)324−2347, 영업부 (02)2648−7224
팩스 | 편집부 (02)324−2348, 영업부 (02)2654−7696
e−mail | erum9@hanmail.net
Home page | http://www.erumbooks.com

ISBN 89−5707−192−X (44990)
　　　89−5707−093−1 (set)

값 7,500원

● 잘못된 책은 교환해 드립니다.
● 저자와의 협의하에 인지는 생략합니다.

청소년 평전 25

위대한 혁명가 카를 마르크스

박성원 지음

이룸

차 례

커다란 종려나무 위로 해가 떠올라 라인 주(州)의 작은 도시 트리어 (Trier)를 비추었다. 트리어는 베를린이나 본처럼 큰 도시는 아니었다. 마을 사람들 대부분이 목장일과 농업에 종사하였고, 교역과 상업에 종사하는 사람들도 있었지만 가내수공업 수준에 머물러 있는 소도시 였다.

인구 규모로 보았을 때 소도시였지만 트리어는 지리적 특성 때문에 역사적으로 중요한 거점이 되곤 했다. 트리어는 나폴레옹이 점령하기 전까지는 당시 대주교 소유의 땅이었다. 그러나 나폴레옹이 트리어를 장악한 이후에는 라인연방에 합병되었다. 라인연방은 나폴레옹이 프랑스의 안전을 위해 프랑스에 가까운 라인 강 지방 열여섯 개의 주를 강제로 떼어 내어 프로이센(현재의 독일)으로부터 독립시켜 만든 나라였다. 프로이센이나 오스트리아 같은 강대국 사이에 라인연방이라는 나라를 만들어 프랑스를 보호하는 담이나 벽처럼 만든 것이었다.

이후 1814년 나폴레옹 제국이 붕괴되고 나폴레옹이 작은 섬으로 유배를 가자 당시 강대국의 지도자들은 오스트리아의 비엔나에서 회의를 하였다. 나폴레옹이 그 동안 점령하고 있던 땅을 조금이라도 더 차지하기 위해서였다. 나폴레옹 제국이 몰락한 이후 가장 강성한 나라는 프로이센왕국이었다. 프로이센의 지도자들은 비엔나 회의에서 트리어를 차지하였고, 이후 트리어는 프로이센왕국의 땅이 되었다.

트리어라는 작은 도시가 프랑스에 합병되었다가 다시 프로이센에 귀속된 시기는 불과 이십여 년 동안의 일이었다. 그러니까 작은 도시 트리어는 이십여 년 동안 나라의 주인이 세 번 이상 바뀐 것이었다. 많은 혼란이 짧은 시기에 있었지만 그 덕분에 트리어에서는 여러 사회사상들이 자유롭게 이야기되고 있었다.

루이 16세의 왕정에 반대하고 전 국민의 대표 기구로 통치하고자 했던 프랑스대혁명의 정신이 전파되었고, 그 영향으로 왕족과 귀족을 위한 정치가 아닌 시민을 위한 정치가 온 마을 주민들 입에 오르내리고 있었다. 뿐만 아니라 산업혁명과 새로운 과학에 대해서도 많은 이야기들이 오고 갔다.

트리어는 이십 년이라는 짧은 시간 동안에 주인이 여러 번 바뀌었지만 대신 그만큼 다양한 사상과 문화를 받아들일 수 있었다. 사회제도와 사상에 대한 자유로운 분위기는 당시 트리어에 있던 트리어의 명사들 모임인 '카지노 사회(Society du Casino)'에서 주로 이루어졌다.

'카지노 사회'는 당시에 새로운 사회사상들을 자주 접할 수 있었던 변호사나 무역 중개인, 그리고 교사나 교수, 또 진보적인 귀족과 정치인들이 주축을 이루었다.

마르크스의 아버지는 유대인이었다. 하지만 마르크스의 아버지는 법률 공부를 하면서 종교보다는 합리적인 사상을 믿었고, 종교에 치우치기보다는 과학과 문명의 발전을 믿게 되었다. 그래서 그는 유대교를 떠나 기독교로 개종하였고, 변호사로서 '카지노 사회'에 참여하게 되었다. 그러나 트리어를 새롭게 점령한 프로이센왕국은 자유로운 여러 사상들을 불온사상으로 규정하고 탄압하기 시작했다. 왜냐하면 프로이센왕국은 자식에게 왕위를 물려주는 세습군주제를 유지하려고 했기 때문이었다. 마르크스는 시대가 급격하게 변하는 시기에 태어났으며, 자유로운 생각을 가진 아버지 밑에서 교육을 받아 성장하였다.

마르크스가 열여섯 살이었을 때, 마르크스는 자신이 사랑하는 아버지의 또 다른 모습을 보게 된다. 그날도 밝은 아침 햇살을 받은 트리어에서는 이른 아침부터 온 마을 사람들이 들떠 있었다. 마르크스도 마찬가지였다. 마르크스는 흥분이 되어 밤늦게까지 잠을 설쳤지만 가족들 중 누구보다도 일찍 일어났다.

덧문을 열자 햇빛과 함께 새들이 지저귀는 소리가 날아들어 왔다. 마르크스는 잠옷을 입은 채 계단을 뛰어다니며 소리를 질렀다.

"벌써 아침이 밝았어요. 빨리 준비를 해야 한다고요. 오늘이에요, 오늘. 바로 오늘이 왕을 만나는 날이에요. 바로 오늘이 아버지가 프리드리히 빌헬름 3세 앞에서 연설하는 날이라고요."

마르크스는 너무 흥분한 나머지 마지막 계단에서 발을 헛디뎌 넘어질 뻔하였다. 그 바람에 어머니 헨리에타(Henriett)와 아버지 하인리히(Heinrich)도 잠에서 깰 수 있었다.

"마르크스야, 아직 시간이 많이 남았어. 그렇게 서두르지 않아도 된단다."

마르크스의 어머니는 긴 머리를 뒤로 묶으며 침실에서 나왔다. 마르크스는 곧장 아버지에게 뛰어갔다. 아버지는 턱에 수북하게 자라 있는 수염을 만지며 마르크스에게 말했다.

"마르크스야, 내가 항상 너에게 뭐라고 말했지?"

"장남은 장남으로서의 본분을 다해야 한다. 언제나 이성적으로 생각하고 감정을 자제해야 한다. 스스로에게 규칙을 정해 지킬 것이며, 시간을 낭비하지 말아야 한다. 잘 알고 있어요, 아버지. 하지만 오늘은 아버지가 공식 만찬 석상에 초대되어 왕 앞에서 연설을 하는 날이잖아

요. 그 때문에 온 마을 사람들이 얼마나 아버지를 공경하고 존경하는
데요."

"흠. 맞아. 하지만 왕이 보는 데서 연설을 한다고 해서 달라질 것은
아무 것도 없어. 내 연설을 듣고 왕의 마음이 바뀌는 것도 중요한 일이
지만 보다 더 중요한 것은 한 사람의 마음이 바뀌는 것보다 많은 사람
의 마음이 바뀌는 것이야."

아버지 하인리히 마르크스는 침대에서 일어나 잠옷을 벗어 가지런
하게 놓았다.

"하지만 모두들 이제부터 달라질 거라고 말하는데요. 아버지는 유능
한 변호사지만 유대인이기 때문에 그동안 일을 제대로 하지 못했다고
요. 그러나 오늘부터는 달라질 거라고 모두들 말한다고요. 우리 학교
에서도 아버지는 유명해지셨어요."

"그래, 네 말대로 오늘부터는 조금씩 달라졌으면 좋겠구나."

하인리히는 마르크스의 머리를 만져 주고는 씻기 위해 침실에서 빠
져나갔다. 마르크스는 옷장을 열고 아버지가 왕 앞에서 입고 연설할
옷을 보았다. 검은색 연미복이었다. 비록 검은색이었지만 어둠 속에서
도 빛이 났다. 곧게 자란 나무처럼 잘 다려져 있어 밤새 꼼꼼하게 다린
어머니의 정성이 느껴졌다. 검은색의 연미복을 볼 때마다 마르크스는
아버지에게서 들은 프랑스대혁명이 생각났다.

1775년, 미국은 영국을 상대로 독립 전쟁을 하였다. 프랑스는 상관

이 없었지만 영국과는 수백 년 동안 원수처럼 지낸 터라 프랑스 왕정은 영국이 미워 미국을 지원했다. 라파예트(Lafayette, Marie Joseph Paul Yues Roch Gilbert du) 장군이 이끈 프랑스 군대의 도움으로 미국은 독립하게 되지만 막대한 전쟁 비용을 치른 프랑스의 재정은 바닥났다. 프랑스 왕이었던 루이 16세는 세금을 거두기 위해 각 계급의 대표들을 소집해 회의를 열었다. 이른바 '삼부회' 라는 것인데, 귀족과 성직자들이 제1계급과 제2계급을 대표했고 지식인, 의사, 법률가 등 시민들로 구성된 부르주아들이 제3계급을 대표했다.

루이 16세가 제3계급을 인정한 것은 아니었다. 루이 16세는 오직 세금이 필요했고, 그래서 꼴도 보기 싫은 제3계급도 어쩔 수 없이 소집한 것이었다. 얼마나 보기 싫었는지 시민 대표인 제3계급과는 별도의 회의장에서 회의를 했다. 이때 시민 대표를 자처하는 제3계급들은 모두 검은색 연미복이나 양복을 입고 회의에 참석했다. 그리고는 왕과 귀족, 그리고 성직자들 앞에서 자유와 평등의 이념이 담긴 헌법을 만들 것을 소리 높여 주장했다. 법 없이는 함부로 세금을 거두지 못 하게 만드는 것이 그들의 목적이었다. 그러나 루이 16세는 그들을 해산시켰고, 이는 프랑스대혁명의 도화선이 되었다. 마르크스 아버지에게 있어 검은색 연미복은 단순한 옷이 아니라 시민계급의 상징이자 저항의 상징이었다.

마르크스는 아버지의 연미복을 만지면서 청중들의 박수 소리를 상상했다. 아버지의 설득력 있는 연설이 끝나자 그 자리에 온 귀족들과 정치인들, 그리고 유명 인사들이 자리에서 일어나 아버지를 향해 박수를 친다. 마르크스는 어린 나이였지만 아버지를 믿었다. 아버지의 설명은 언제나 정확했다. 언젠가 마르크스는 아버지에게 합리성이 무엇인지 물어보았다. 그때 아버지는 이렇게 말해 주었다.

"감각. 그러니까 우리가 보고, 느끼고, 냄새 맡고, 듣고 하는 감각은 항상 틀릴 수가 있고, 사람들마다 모두 다르게 생각한단다. 감자 요리를 맛있다고 생각하는 사람이 있는가 하면, 소시지를 좋아하는 사람이 있고, 우유를 맛있다고 생각하는 사람이 있는가 하면 치즈를 싫어하는 사람도 있지. 새 소리를 즐거워하는 사람이 있는가 하면 대장장이들이 쇠를 내리치는 소리를 좋아하는 사람도 있단다. 이처럼 감각은 모든 사람들에게 공통으로 작용하는 것이 아니라 받아들이는 사람에 따라 다르지. 그렇기 때문에 감각을 모든 사람들에게 적용할 수 있는 기준으로 생각해서는 안 되는 거야."

그러면서 마르크스의 아버지는 과학에 대해서도 마찬가지라고 하면서 계속 설명을 하였다.

"갈릴레오 갈릴레이가 나타나기 전까지 모든 사람들이 지구는 움직이지 않고 태양이 지구 주위를 움직인다고 생각했었지. 그것이 진리였고 과학이었어. 하지만 지금은 정반대지. 과학도 새로운 것을 발견하고 발명하기 전까지만 참일 뿐인 거야. 새로운 사실이 발견되고, 새

로운 것을 발명하면 기존의 과학은 참이 아닌 거짓이 되는 경우가 많
단다.”

그때 마르크스는 감각도, 과학도 거짓이 될 수 있다면 그렇다면 어
떤 것이 참이냐고 물었다. 그러자 마르크스의 아버지는 곰곰이 생각하
더니 마르크스의 머리를 만져 주며 말했다.

“그건 참으로 어려운 질문이야. 아버지는 이렇게 생각해. 감각도, 과
학도 거짓이 될 수 있다고 생각하는 힘, 바로 이러한 이성을 길러야 한
다고. 그리고 이러한 이성이야말로 참과 진리에 가까이 갈 수 있는 유
일한 길이라고 믿어. 철학이라는 학문은 바로 이러한 생각들을 공부하
는 학문이지. 어때? 마르크스. 너는 철학을 공부하고 싶니?”

“글쎄요. 철학이 아직 뭔지 잘 모르겠어요. 저는 시인이나 문학가가
되고 싶어요.”

마르크스는 시와 소설을 좋아했다. 같은 유대인이었던 시인 하이네
(Heine, Heinrich)를 비롯하여 돈키호테를 쓴 세르반테스(Cervantes
Saavedra, Miguel de), 그리고 대문호인 셰익스피어(Shakespeare, William)
의 작품을 즐겨 읽었다. 마르크스는 문학작품을 읽는 것뿐만 아니라
직접 글을 쓰기도 했는데, 그의 작품은 교내에 자주 전시되기도 할 정
도로 많은 인정을 받았다.

마르크스가 문학과 예술을 좋아하게 된 것은 아버지의 친구이자 마
르크스에게는 또 하나의 아버지와 다름없는 프라이헤르 루드비히 폰

베스트팔렌(Freiherr Ludwig von Westphalen) 덕분이었다. 베스트팔렌은 매력적이고 교양 있는 인물이었다. 프로이센왕국의 정부 관리였지만, 독일 상류계급 중에서도 자유적인 사상을 가진 진보적 인물이었다. 베스트팔렌은 괴테(Goethe, Johann Wolfgang von), 실러(Schiller, Johann Christoph Friedrich von) 같은 유명한 낭만주의 작가들과 고대 그리스의 비극 작가들을 좋아했는데, 책이 많은 베스트팔렌 집에서 자주 책을 빌려 보았다. 마르크스와 베스트팔렌은 함께 산책을 하면서 많은 작가와 작품에 대해 자주 이야기를 나누었다. 마르크스는 트리어에 있는 작은 산길을 따라 베스트팔렌이 들려주는 문학 이야기를 들으며 걷는 것을 가장 좋아했다.

마르크스가 좋아한 또 하나는 바로 베스트팔렌의 딸 예니였다. 예니 폰 베스트팔렌(Jenny von Westphalen). 비록 네 살 많은 예니였지만 마르크스와는 어릴 때부터 잘 통했다. 예니도 마르크스를 어린 동생으로 보지 않았다. 어린 나이지만 자신의 아버지와 대화를 나눌 정도로 똑똑한 마르크스를 항상 어른스럽게 생각했다.

마르크스가 아버지의 옷을 바라보며 많은 사람들의 박수갈채를 듣는 모습을 상상하고 있을 때, 마침 베스트팔렌 씨가 왔다. 아버지와 함께 왕이 초청한 공식 만찬에 가기 위해서였다. 마르크스는 문을 열어주었고, 베스트팔렌 씨는 모자를 벗고 정중하게 들어왔다.

"오, 사랑하는 나의 아들, 마르크스. 오늘은 너도 무척이나 흥분했구

나. 아직 잠옷 차림으로 문을 열어 주는 것을 보니."

베스트팔렌 씨는 마르크스를 아들로 생각하고 있었고, 또 마르크스 역시 베스트팔렌 씨를 아버지라고 불렀다. 베스트팔렌 씨 역시 검은색 연미복을 입고 있었다.

"그래, 앞으로 대학에 가서 무엇을 공부할지는 정했니?"

"솔직히 잘 모르겠어요. 무엇이 가장 필요한 학문인지. 아버지께서는 제가 법률가가 되길 바라셔요. 그러나 사실……. 저는 성적이 뛰어나지 않거든요."

"성적은 걱정하지 않아도 된다. 비록 당장은 성적이 나쁠 수도 있지만 네가 공부한 학문으로 언젠가는 크게 이름을 떨칠 수 있을 게다. 네가 독서를 좋아하고, 또 어려운 책들을 잘 이해하는 것만 봐도 나는 알 수 있어. 지금은 아직 네가 가야 할 길을 몰라서 그런 거야. 네가 너의 길을 안다면 아마 너는 네가 가고자 하는 길에 파묻힐 거야. 아무 걱정 말거라. 언젠가는 반드시 너의 길이 보일 테니까."

그렇게 말하면서 베스트팔렌 씨는 하인리히 마르크스와 똑같이 마르크스의 머리를 만져 주었다.

베스트팔렌 씨와 대화를 나누는 동안 하인리히 마르크스가 검은색 연미복을 입고 나왔다. 아버지가 입은 검은색 연미복이 마르크스의 눈에는 마치 전쟁에 나가는 기사들의 갑옷처럼 느껴졌다. 마르크스의 아버지는 문을 열고 서서 잠시 하늘을 바라보았다. 곁에 있던 베스트팔렌 씨가 그 모습을 보면서 마르크스에게 말했다.

"온 마을 사람들이 말하는 것처럼 오늘은 어쩌면 역사적인 날이 될지도 몰라. 그리고 그 모든 것이 바로 마르크스 너의 아버지에게 달렸고 말이야. 그렇지 않니, 카를 마르크스?"

마르크스는 고개를 끄덕였다. 진지해 보이는 아버지의 모습을 보자 긴장되는 것은 오히려 마르크스 자신이었다.

마르크스의 아버지는 심호흡을 한 뒤 마르크스에게 다녀오겠다며 악수를 청했다. 아버지가 악수를 청한 것은 이제 마르크스도 더 이상 어린애가 아니라 한 명의 성인으로 인정한 것이었다. 마르크스는 아버지의 손을 잡았다. 평소에는 크다는 생각 밖에 하지 않았었는데, 그 순간에는 오직 따뜻하다는 느낌뿐이었다.

마르크스는 검은색 연미복의 뒷자락을 휘날리며 걸어가는 아버지를 보면서 당당함을 느꼈다.

'아버지라면 왕을 충분히 설득할 수 있을 거야. 아버지의 논리라면 아마 그 만찬에 온 모두를 감동시킬 수 있을 거야.'

마르크스와 또 한 명의 아버지인 베스트팔렌 씨가 서로 대화를 나누며 종려나무가 우거진 숲으로 걸어갔다.

다음날 아버지와 베스트팔렌 씨가 함께 집으로 돌아왔다. 그때까지 마르크스는 책을 읽어도 잘 읽을 수 없었다. 아버지의 연설을 들은 왕과 귀족들의 반응이 궁금해서 도무지 책이 손에 잡히지 않았다. 마르크스의 아버지는 연설할 날을 손꼽아 기다리고 있었다. 당시에는 전체 국민의 1퍼센트도 되지 않는 왕과 귀족이 나라의 재산과 땅을 차지하고 있었다. 그러나 일을 하고 세금을 내는 것은 나머지 99퍼센트의 국민이었다. 그런 나머지 99퍼센트의 국민들은 정치에 참여할 수도 없었고, 또 투표를 할 수도 없었다. 마르크스의 아버지는 이런 불평등을 평소 비판했지만 무엇보다 마르크스의 아버지가 비판한 것은 제도였다.

마르크스의 아버지는 단 한 명의 폭군이 아무런 죄 없는 수많은 백성을 죽음으로 내보낸 것을 잘 알고 있었다. 그것은 프로이센왕국의 역사에서만 그런 것이 아니라 다른 나라의 역사에서도 마찬가지였다. 더군다나 아무런 능력이 없는데도 대를 이어 왕이 되는 것을 두고 마르크스의 아버지는 잘못된 관습이라 생각했다. '가장 중요한 것은 모든 권력은 국민 개개인에게서 나오는 것이고, 국민이 곧 왕이며, 정치란 전체 국민을 위해 일하는 것'이라고 생각했다. 그래서 그런 정치를 위한 법적 제도와 장치를 마련하고 싶은 것이 마르크스 아버지의 평소 생각이었다. 그런 생각들을 마침내 왕과 귀족들 앞에서 연설하게 되었으니, 마르크스가 기다려온 이상으로 마르크스의 아버지 역시 이날을 손꼽아 기다리고 있었다.

예상보다 무척 늦게 집에 도착한 마르크스 아버지의 얼굴은 그리 밝지 않았다. 마르크스의 아버지는 마르크스를 보자 가볍게 웃을 뿐 만찬과 연설에 대해서는 아무런 말도 하지 않았다. 베스트팔렌 씨를 배

응하기 위해 나온 마르크스는 베스트팔렌 씨 집까지 함께 걸었다.

"아버지의 연설이 좋지 않았나요? 아버지의 표정이 밝지 않아 보여요."

"아니다, 마르크스. 너의 아버지의 연설은 두말 할 나위 없이 정말 훌륭했어. 하인리히는 프리드리히 빌헬름 3세와 많은 귀족들이 지켜보는 가운데 거침없이 연설 했어. 현명하고 자비로운 왕이라면 온건한 사회 정치적 개혁을 받아들여야 한다고 말했지. 그것이 군주의 덕목이라며 프리드리히 빌헬름 3세에게 힘주어 말했단다. 아주 훌륭한 연설이었어."

"그런데 왜 아버지의 표정이 어두워 보이지요?"

"글쎄……. 아버지의 연설은 좋았는데 그 연설을 들은 프리드리히 빌헬름 3세의 얼굴이 좋지 않았거든. 아마도 아버지는 왕을 설득하는 데 실패했고, 오히려 왕의 노여움만 샀다고 생각하는 모양이야."

"비록 왕을 설득하는 데는 실패했지만 그래도 아버지가 할 말을 다 한 것이 자랑스러워요. 저는 아버지의 용기를 사랑해요."

마르크스의 말에 베스트팔렌 씨는 고개를 끄덕였다.

마르크스가 베스트팔렌 씨를 집까지 모셔 드리고 돌아왔을 때, 아버지는 검은색 연미복을 입은 채 차를 마시고 있었다. 검은색 연미복은 입고 갈 때보다 많이 구겨져 있었다. 그래서인지 검은색이었지만 빛이 났던 어제의 모습과는 달리 숨죽은 어둠 밖에 보이지 않았다. 마르크스는 아버지를 위로하고 싶었다. 왕과 귀족들이 자신들의 마음에 들지 않았다 하더라도 하고 싶은 말을 끝까지 말한 아버지를 존경한다고 말하고 싶었다. 그러나 아버지의 표정이 너무 무거워 보여 마르크스는 함부로 말을 건네지 못했다. 더구나 만찬에 있었던 연설에 대해 자꾸 이야기를 꺼내는 것이 오히려 아버지의 마음만 무겁게 할 것 같아 마르크스는 다른 식으로 말을 꺼냈다.

"아버지. 저는 오늘에서야 진로를 정했어요. 대학에 가면 아버지처럼 법을 공부하고 싶어요. 그래서 아버지처럼 훌륭한 변호사가 되겠어요. 공평하고 공정한 법을 수호하는 법률가 말이에요."

하인리히는 모처럼 웃음을 지었지만 얼굴에 어두운 그림자가 완전히 사라진 것은 아니었다. 사실 마르크스가 그렇게 어두운 표정을 짓고 있는 아버지를 본 적은 거의 없었다. 아무리 힘든 일이 있어도 마르크스의 아버지는 어두운 표정을 짓지 않았다. 마르크스는 어릴 때부터 아버지의 등에 올라타서 노는 것을 좋아했고, 또 아버지 역시 마르크스가 원할 때면 말처럼 네 발로 엎드려 마르크스를 태우고 다녔다. 그럴 때면 마르크스는 손에 마치 채찍이라도 있는 듯이 휘두르며 마부처럼 '이랴' 하고 소리를 질렀다. 마르크스가 점점 자라면서 목마 놀이는 더 이상 하지 못했지만 대신 여러 이야기를 들려주었다. 아주 먼 나라인 이집트와 아프리카에 대해서도 이야기해 주었으며, 가까운 영국과 프랑스에서 있었던 혁명에 대한 이야기도 들려주었다. 유능한 변호사였지만 유대인이라는 핏줄 때문에 여러 제약이 따라 힘들어 할 때도 아버지는 언제나 맑게 웃는 얼굴이었다. 자식들에게 손찌검을 하는 경우는 절대로 없었으며, 큰소리로 혼내지도 않았다. 마르크스가 잘못을 했을 때도 야단을 친 뒤에는 늘 따뜻하게 안아 주었다. 그런 아버지였기에 마르크스는 아버지의 어두운 표정에서 뭔가 일이 크게 잘못되었음을 느낄 수 있었다.

그날 이후 마르크스는 마음에 깊은 상처를 받는다. 그리고 아버지의 얼굴에 깊게 드리워져 있던 그늘이 더욱 깊어지는 일들이 발생했다. 아버지가 집으로 돌아온 이후 프로이센왕국의 경찰들과 정부 관리들이 찾아오기 시작한 것이다.

처음엔 한 명의 경찰이 찾아왔다. 경찰은 갑갑할 정도로 딱 붙는 제복에 긴 칼을 차고 있었다. 그리고 무릎까지 올라오는 긴 가죽 장화를 신었는데, 걸을 때마다 거실 바닥을 찰싹찰싹 때리는 소리가 들렸다. 경찰은 무표정한 얼굴로 하인리히 마르크스를 찾았다. 아버지가 이층에서 내려오자 경찰은 긴 가죽 장화로 바닥을 치며 경찰 식으로 인사를 했다. 그리고는 몇 가지 조사를 할 게 있어 왔다고 했다. 마르크스의 아버지가 올라오라고 하자 경찰은 무릎을 세워 각도 있게 계단을 천천히 올라갔다. 때문에 경찰의 긴 가죽 장화가 계단을 밟을 때마다 돌로 치는 듯 한 날카롭고 묵직한 소리가 났다. 소리가 얼마나 큰지 마치 동굴 안에서 울리는 소리 같았다. 경찰이 찾아온 것은 마르크스 아버지가 연설 한 내용 때문이었다. 왕과 귀족들의 권력을 제한하고 시민과 평민들에게도 권리를 대폭 이양해야 한다는 내용이 불온사상에 걸린다고 경찰은 말했다. 더군다나 거리의 집회나 사적인 모임도 아니고 감히 왕과 귀족들 앞에서 행한 연설이었으니 더욱 조사를 해야 한다는 것이었다.

다음날에는 긴 가죽 장화를 신은 경찰뿐만 아니라 정부 관리들도 찾아왔었다. 마르크스의 아버지 하인리히는 경찰과 관리들이 주목을 하고 자주 찾아오자 자신이 왕 앞에서 밝힌 연설을 모두 철회한다고 말했다. 그리고는 자신이 만찬에서 연설한 내용은 본심이 아니었으며, 악의가 있는 것이 아니라고 밝혔다.

마르크스는 아버지의 태도를 보고 혼란을 느꼈다. 자신에게 본분을 지키며, 어떠한 감각적인 감정에도 흔들리지 말고 자신의 생각과 이성을 버리지 말라고 당부하던 아버지였다. 또한 그 동안 아버지가 보여주었던 용기는 어디로 사라진 것인지 알 수 없었다. 마르크스가 생각해 온 아버지는 그런 사람이 아니었다. 프로이센왕국의 관리와 경찰이 긴 가죽 장화를 신고 집 안으로 들어와 조사한다고 해서 단 며칠 만에 자신의 의견을 철회하고, 변명하는 그런 아버지가 아니었다. 그렇게 비겁하고 굴욕적인 아버지의 모습을 마르크스는 처음 보았다.

열여섯의 나이는 작지도 많지도 않은 나이다. 스스로 판단을 할 수 있는 성인도 아니고 또한 더 이상 어린애도 아닌 나이다. 굴욕적인 이

사건에서 사랑하는 아버지가 보여 준 비겁하고 굴종적인 태도는 장남인 카를 마르크스의 마음에 깊게 새겨졌다. 마르크스는 분노와 함께 치욕, 그리고 부끄러움과 허무함이 동시에 자리 잡아 무척 혼란한 가운데 있었다.

아버지는 그날 이후 마르크스에게 비타협적인 성격을 버리고 사회적으로나 개인적으로 타협하며 살 것을 강조했다. 그러나 혼란에서 오는 반발심 때문인지 마르크스는 아버지의 뜻과는 점점 반대로 행동했다. 고집과 독선적인 성격을 보여 주었고, 자신과 뜻이 다른 사람에게는 적대감을 보여 주곤 했다.

마르크스는 주변의 사람들을 모두 피해 다녔다. 모두들 마르크스를 보고 손가락질을 하는 것 같았다. '저 소년의 아버지가 바로 하인리히야. 용기 없는 변호사 말이야. 자기 혼자만 잘 살겠다는 욕심쟁이' 모두들 숨어서 그렇게 말하는 것처럼 느껴졌다.

마르크스는 학교에도 갈 수 없었다. 친구들을 만나도 또 선생님들을 만나도 모두가 수군대는 것 같았기 때문이었다. 그렇다고 집에서 하루 종일 아버지의 얼굴을 보는 것은 더욱 싫었다.

마르크스는 마냥 서러웠다. 아침 일찍 집을 나와 주로 종려나무가 가득한 숲에서 저녁이 될 때까지 혼자 지냈다. 나무꾼이 숲으로 오기만 해도 더 깊숙한 곳으로 숨어서 작은 소리도 내지 않고 혼자 있었다. 해가 완전히 지고 불이 없으면 코앞도 보이지 않을 때가 되어서야 숲

길을 따라 집으로 갔다. 그렇게 해야만 사람들과 최대한 만나지 않을 것 같아서였다.

아버지를 부둥켜안고 한 번 크게 울고 싶었지만 마르크스는 자신에게 그럴 용기가 없다는 것을 알았다. 아버지의 비겁한 모습이 자꾸만 떠올라 아버지에게 무슨 말을 하기는커녕 아버지의 얼굴을 제대로 볼 수도 없었다. 아버지도 마르크스를 볼 때마다 무슨 말을 하려고 마르크스를 불러 세웠다. 그러나 아버지는 마르크스를 부르기만 할 뿐 더 이상 아무 말도 잇지 못했다. 마르크스가 조용히 계단을 올라가면 아버지는 아주 작은 소리로 '미안하다, 카를' 하고 말했다. 그러면 마르크스는 긴 가죽 장화를 신은 경찰이 그랬던 것처럼 계단을 힘껏 밟으며 방으로 뛰어 올라갔다.

2. 나의 여신, 예니

마르크스는 며칠 째 숲에서 종달새와 낮게 스쳐 가는 구름만 바라보았다. 밤이 되어 지나가는 동물들 소리 외에는 아무 소리도 들리지 않아 그만 마을로 내려갈까 생각도 했었다. 그러나 그럴 때마다 사람들을 만나는 것이 두려웠다. 예전처럼 친구들을 만나 떠들썩하게 놀고 싶었다. 하지만 친구들이 마르크스 자신을 여전히 반겨줄 지 알 수 없었다. 어쩌면 마르크스가 사라졌다고 좋아할지도 모른다고 마르크스는 생각하였다. 친구들보다도 더 생각나는 사람은 베스트팔렌 씨와 예니였다.

'베스트팔렌 씨와 아버지는 어떻게 되었을까? 아버지와는 가장 친구 사이였는데 혹시 베스트팔렌 씨도 마을 사람들처럼 숨어서 수군대며 아버지를 피하는 것은 아닐까? 언제나 나를 보면 얼굴이 빨개지던 예니는 나와 아버지에 대해 어떻게 생각할까?'

마르크스는 강아지풀을 입에 물고 이런저런 생각을 하였다. 사람들을 생각할수록 더욱 괴로웠다. 베스트팔렌 씨와 문학에 대해서 이야기를 나누며 함께 산책을 하고 싶기도 하였고, 또 예니의 빨갛게 변하는 뺨을 한 번이라도 더 보고 싶었다.

마르크스보다 두 살이 많아서인지 예니는 항상 자신을 감싸주고 지켜줄 것만 같았다. 이 세상 사람들이 모두 자신에게 손가락질을 하더라도 예니만큼은 자신을 사랑하고 보호해 줄 것만 같았다. 마르크스는 예니가 무척 보고 싶었다. 하지만 용기가 나지 않았다. 혹시 예니도 속으로는 자신과 아버지를 흉볼지 모른다는 생각이 자꾸만 들어 마르크스는 예니를 보러 가려고 풀밭에서 일어나다가도 다시 누워버렸다.

"카를, 카를. 어디 있니? 카를?"

멀리서 들려오는 예니의 목소리를 들었을 때 마르크스는 처음에 꿈인 줄 알았다. 예니를 자꾸 생각해서 그런 소리가 들렸다고 생각했지만 자신을 부르는 소리가 계속 이어지자 꿈이 아니라는 것을 알았다. 그리고 마르크스가 정신을 차리고 풀밭에서 일어나 도망치려 했을 때는 이미 예니가 마르크스를 발견하고 산길을 뛰어오고 있었다.

"얼마나 찾아 다녔는지 아니?"

예니는 산길을 급하게 뛰어와서인지 뺨이 더욱 빨갛게 달아올라 있었다. 마르크스가 고개를 숙이고 아무 말도 하지 못하고 있자 예니가 마르크스를 꼭 껴안았다.

"걱정이 되었어. 아버지도 네가 완전히 사라진 줄 알고 한숨만 쉬셨고 말이야. 학교도 나오지 않고 뭘 했어?"

예니는 그렇게 말하면서 마르크스를 더욱 꼭 안았다. 그리고 붉게 물든 뺨 위로 굵은 눈물방울이 흘러내려 왔다. 그것을 보자 마르크스 역시 참았던 울음이 터져 나왔다. 예니의 달아오른 뺨이 무척이나 따뜻했다.

예니는 마르크스에게 함께 내려가자고 말했다. 그러나 마르크스는 사람들을 보는 것이 겁이 난다고 말했다. 그러자 예니가 말했다.

"카를, 너에게는 또 한 명의 아버지가 있잖아. 바로 나의 아버지인 베스트팔렌 말이야. 가슴 아픈 일이 있으면 나와 나의 아버지에게 와서 말해도 되잖아. 우린 가족과 다름없어. 네가 사라졌을까봐 걱정하고 있는 우리의 마음은 생각해 보지 않았어? 너무 걱정되어서 나는 며칠 째 잠도 자지 못했어. 네가 진정으로 남을 생각한다면 그 생각부터 했어야지. 걱정하는 사람들이 있다는 걸 말이야."

"미안해. 나도 예니와 베스트팔렌 씨가 무척 보고 싶었어. 하지만 용기가 나지 않았어."

"그런 말은 바보들이나 하는 거야. 가족을 만나는 데 용기는 필요 없어."

예니는 머뭇거리는 마르크스의 손을 잡고 마을로 향했다. 베스트팔렌 씨의 집까지 가는 동안 구두 수선공인 슈마허 씨와 대장장이인 슈미트 씨를 만났지만 마르크스는 고개를 숙이지 않았다. 예니가 함께 손을 잡고 있었기 때문이었다. 예니는 마르크스의 손을 잡고 걷는 동안 고개를 치켜들고 아주 당당하게 걸었다. 마르크스는 그 덕분에 사람들과 눈이 마주쳐도 눈빛을 피하지 않아도 되었다. 예니는 트리어에서 가장 유명한 가문의 아가씨였다. 그런 예니가 마르크스의 손을 잡고 같이 거리를 걷는다는 것은 바로 마르크스는 아무런 죄도 없다는 것을 말해 주는 것이었다. 설령 누군가가 비웃는다고 할지라도 예니와 함께라면 부끄러울 것도 또한 두려울 것도 없을 것 같았다.

혹시 누군가가 마르크스를 보며 손가락질이라도 하려고 하면 예니는 큰 소리로 말했다.

"그래요. 이 아이가 마르크스예요. 할 이야기가 있으면 앞에 나와서 당당하게 말해요. 숨어서 손가락질 하지 말고. 이 세상에서 제일 용기 없는 행동이 바로 숨어서 수군거리는 거예요."

예니는 그렇게 말하면서 마르크스의 손을 더욱 힘주어 잡았다. 예니야 말로 가장 용기 있는 사람이었다.

예니의 집에 도착하자 베스트팔렌 씨가 따뜻하게 맞아 주었다. 그리고 베스트팔렌 씨는 그동안 읽은 셰익스피어의 글에 대해서 이야기를 나눌 사람이 없어 매우 심심했다고 말했다. 그러자 예니가 베스트팔렌 씨에게 입술을 내밀며 말했다.

"어휴, 아버지는. 지금 문학작품이 문제예요? 마르크스는 며칠 동안 아무 것도 먹지 못했을 텐데. 어때? 마르크스. 배고프지?"

예니의 말을 듣자 마르크스는 정말 배가 고파 쓰러질 것 같았다. 마르크스가 배를 잡고 고개를 끄덕이자 예니는 부엌으로 뛰어 갔다.

"마르크스야. 말해 보렴. 아버지 때문에 속상해서 며칠 째 숲에 있었던 거야?"

베스트팔렌 씨가 마르크스를 데리고 소파에 앉으며 말했다. 마르크스는 솔직히 말했다. 평소 존경하고 사랑한 아버지가 경찰이 찾아오자 딴사람처럼 변한 것이 부끄럽다고 말했다. 그리고 용기 없는 아버지를 보는 것이 싫다고 말했다. 그러자 베스트팔렌 씨는 턱을 어루만지며 고개를 끄덕였다.

"맞아, 마르크스 네 말이 맞아. 하지만 마르크스 네가 알아야 할 것이 있다. 이 세상 사람들 누구나 용기가 있는 것이 아니란다. 이 세상에는 용기가 있는 사람들도 있고, 용기가 부족한 사람들도 있지. 용기가 있는 것은 누구나 본받아야 할 중요한 덕목이긴 하지만 용기 없는 사람을 그렇다고 손가락질 할 필요는 없어. 이 세상에는 힘이 센 사람이 있는가 하면 약한 사람도 있고, 또 눈물이 많은 사람이 있는가 하면 잘 울지 않는 사람도 있고, 잘 웃는 사람이 있는가 하면 잘 웃지 않는 사람이 있는 것처럼 용기가 있고 없고는 개인의 특성일 뿐이야. 중요한 것은 사람들에게서 용기를 뺏는 사회가 문제인 거야. 사람들이 자신 있게 자신의 생각을 말하지도 못하고, 자신의 생각에 대해 자유롭게 말하지 못하는 그런 사회가 잘못된 거야. 생각해 보렴. 만일 힘이 센 사람이 제멋대로 굴면서 약한 사람을 괴롭힌다면, 그것은 야수들의 세계야. 인간 세상은 그렇지 않지. 힘이 약한 사람도 얼마든지 세상에 도움을 주는 일을 할 수가 있어. 옷을 만드는 슈나이더 씨를 보렴. 그 사람은 다리도 불편하고 힘도 없지만 누구나 그에게서 옷을 맞추려고 하지 않니. 중요한 것은 사람들이 용기가 있든 없든 누구나 자신의 생각을 자유롭게 말할 수 있고, 또 자유로운 의견을 말했다고 해서 잡아가거나 조사하지 않는 법과 제도가 중요한 것이야. 아무리 용기 있는 사람이라고 해도 잡아간다고 하면 우선 겁부터 먹을 걸? 그건 하인리히뿐만 아니라 나도 마찬가지야. 네가 보기엔 어른들은 모두 용기가 있고 겁이 없을 것 같지만 어른들도 마찬가지야. 용기 있는 사람은 드물어. 드물기 때문에 용기 있는 사람을 배우려고 노력하는 것 아니겠어? 하인리히는 아마도 마르크스 너 때문에 용기 없게 행동한 것일 수도 있어. 자신에게 해가 되는 것은 괜찮지만 너에게까지 위험이 될까 봐 그런 행동을 했을 거야."

베스트팔렌 씨는 아주 조용히 그러나 또박또박 말해 주었다. 베스트팔렌 씨의 말을 듣고 보니 마르크스 자신도 참으로 용기가 없는 사람인 것 같았다. 용기가 없어 보고 싶은 사람들을 만나지도 못했고, 또 아버지에게 아무 말도 못한 것을 보니 진짜로 용기가 없었던 사람은 다른 사람이 아닌 바로 자기 자신이었다.

그때 예니가 따뜻한 수프와 빵을 가지고 왔다. 양송이와 감자가 들어간 수프였다. 김이 모락모락 올라오는 수프를 보자 마르크스의 배에서는 요란한 소리가 나왔다. 마르크스가 빵과 수프를 허겁지겁 먹자 예니가 천천히 먹으라며 다독거려 주었다. 베스트팔렌 씨는 마르크스와 예니를 위해 자리를 비켜 주었다. 마르크스는 예니에게 고맙다고 말했다.

"예니, 예니야말로 용기 있는 사람이야. 아무도 날 찾지 않을 줄 알았는데, 나를 찾으러 위험한 숲으로 와 줬으니 말이야. 이 세상 사람들이 모두 나를 미워해도 예니는 나를 끝까지 사랑할 거지?"

마르크스의 물음에 예니는 다시 예전처럼 뺨이 붉어졌다.

"그래. 마르크스 너를 언제나 지켜줄 수 있어. 하지만 조건이 있어. 앞으로는 절대로 어디로 가는지 말하지 않고 사라지기 없기야. 걱정하는 사람 마음도 생각할 줄 알아야지. 상대방이 어디에 있는지 알아야만 찾아갈 용기도 생기는 거야."

"알았어. 예니. 앞으로 너에게만은 아무런 비밀도 만들지 않을게. 우린 이제 서로에게 아무 비밀도 없는 거야."

예니는 마르크스를 집에까지 데려다 주었다. 저녁 공기가 시원했다. 마르크스는 예니를 바라보면서 예니는 자신의 수호천사인 것 같았다. 여장부처럼 당당하고 씩씩하였고, 또 때로는 누나나 어머니처럼 다정하게 자신을 감싸주는 여신처럼 보였다.

마르크스의 부모님은 마르크스를 보자 그동안 참았던 울음을 터뜨렸다. 마르크스의 아버지는 모두 자기 잘못이라고 말했다.

"아니에요, 아버지. 아버지는 아버지 나름대로 가장 용기 있는 행동을 하신 거예요. 베스트팔렌 씨에게 많은 이야기를 들었어요."

마르크스는 그날 아버지와 밤늦도록 많은 이야기를 나누었다. 마르크스의 아버지는 이제 서로간의 결점과 단점을 보완해 주며, 서로 마음이 아프지 않도록 하는 좋은 친구가 되자고 말했다. 마르크스의 잘못된 점을 아버지가 지적해 주듯이 앞으로는 아버지의 잘못을 아들인 마르크스가 말해 주기로 했다.

그날 밤 마르크스는 법대에 갈 마음을 다시 한 번 굳혔다. 아버지와 베스트팔렌 씨의 말처럼 앞으로는 왕이 통치하는 것이 아니라 국민이 국민의 대표를 뽑아 정치하는 세상이 올 것이라고 믿었다. 그리고 자유로운 생각과 표현이 보장되기 위해선 법과 제도가 있어야 한다고 생각했다. 마르크스는 법을 공부해서 그런 제도와 법을 뒷받침하고 싶었다. 그래서 자신이 꿈꾸는 평화롭고 평등한 세상이 오면 그때 가서 편안한 마음으로 하고 싶은 다른 공부를 해도 되리라 생각했다.

　마르크스는 새벽빛이 다가오자 예니가 보고 싶어졌다. 예니에게 어떤 식으로라도 고마움을 표시하고 싶었다. 마르크스는 예니를 보고 싶은 마음에 펜을 들어 시를 썼다.

　예니에게 바치는 사랑의 시

　봐! 난 천 권의 책을 만들 수 있어.
　거기에 너의 이름 '예니' 만을 적어서!
　하지만 많은 생각들이 거기 숨어 있을 거야,
　너에 대한 영원함, 너에 대해 흔들리지 않는 의지, 감미로움, 나의 향수를 달래는 부드러운 안도의 말들이, 모든 밝은 불빛들이, 신들의 갖은 기쁨과 슬픔들이, 내가 아는 모든 것과 내 존재의 모든 것이.
　별들 속에서도 오직 이 이름 '예니' 만 읽히네,
　산들바람도 내게 중얼거리네, 파도 소리가 내게 그 이름을 되풀이하네,
　언젠가 나는 그것을 적으리.
　수백 년이 지나도 알아 볼 수 있도록,
　예니가 사랑의 이름이라는 것을.

　마르크스는 예니에게 바치는 사랑의 시를 새벽빛에 비춰 읽고 또 읽어 보았다. 동이 트는 먼 하늘이 예니의 붉은 뺨처럼 차츰 빨갛게 물들어 갔다. 마르크스는 힘이 느껴졌다. 자신에게 아무리 힘든 고난과 역

경이 닥치더라도 예니가 자신을 지켜줄 것이 분명했기에, 이 세상에서 두려울 것이라고는 아무 것도 없었다.

3. 트리어를 떠나 베를린으로

보고 싶은 예니에게.

예니, 내가 프로이센의 수도이자 가장 인구가 많은 도시인 베를린(Berlin)으로 온 지도 벌써 한 학기가 지나고 있어. 베를린은 정말이지 큰 도시야. 트리어와 라인주의 중심 도시인 본(Bonn)과는 비교할 수도 없어. 도시가 큰 만큼 학문의 질도 훨씬 깊은 것 같아. 배울 것도 많고 말이야.

이곳에서 나는 클럽에 가입했는데 좋은 친구들을 만났어. 내가 가입한 클럽은 지하에 있는 맥주 저장 창고에서 모임을 가지는데 덕분에 우리들은 맥주를 실컷 마시며, 자유롭게 정치에 대해 많은 이야기들을 나누고 있어. 에드가 부르노, 바우어 형제, 쾨펜, 막스 슈티르너, 그리고 모제스 헤스 등 훌륭한 친구들이 많아. 나중에 너를 만나면 모두 소개시켜 줄게.

정치 클럽 말고도 가끔씩 문학 모임에 나가는데 내가 그곳에서 누구를 만났는지 알아? 베토벤과 괴테의 친구인 베티나 폰 아르님(Bettina von, Arnim)을 만났어. 우리들은 금세 친구가 되었어. 폰 아르님은 나보고 대담하고 재치가 있다고 먼저 친구로 지내자고 말했어. 나는 그 문학 모임에서 비극 한 편을 썼는데 나중에 너에게 보내 줄게.

문학 모임도 좋긴 하지만 내가 베를린으로 온 것은 법학을 더욱 깊이 있게 공부하기 위해서야. 나는 사비니 선생의 법률학 강의와 간스 선생의 형법 강의를 재미있게 들었어. 두 선생은 학문적으로 서로 맞수이면서 앙숙이지만 각각 배울 점이 많은 것 같아. 네가 여기에 함께 있었으면 참으로 좋았을 텐데. 아마도 많은 논쟁을 할 수 있었을 거야.

이곳의 분위기는 매우 좋지 않아. 학생들은 모두 암울하다고만 하지. 정부의 검열은 더욱 강력해져서 검열의 영향력이 미치지 않는 곳이 없을 정도야. 이곳 상황은 스프링과 같아. 스프링을 가만히 두면 그냥 있지만 그것을 힘으로 누르면 어떻게 되겠어 꾹 눌러져 있다가 강력하게 튀어 오르겠지? 지금 상황이 꼭 그래. 오늘도 베를린대학에서는 스프링처럼 튀어 오른 많은 학생들을 경찰이 잡아 갔어. 우울한 가을이야.

아버지는 나에게 장래를 생각해서 정치에 관심을 그만 두고 변호사나 공무원이 될 준비를 하라고 하셔. 아버지는 거의 매일 나에게 편지를 보내. 마치 일기를 쓰듯이 말이야. 나는 아버지의 사랑을 알아. 너도 기억나지? 내가 아버지 때문에 방황하며 트리어에 있는 작은 숲에서 숨어 있을 때 말이야. 그때 네가 나를 데리러 왔잖아. 나와 아버지는 그날 이후 서로 약속했어. 서로의 마음을 아프게 하지 않겠다고. 그리고 서로의 단점을 고쳐 주자고. 그래서 아버지에게는 아버지를 안심시키는 편지만을 썼어. 내가 진짜로 하고 싶은 일들이 있고, 원하는 것이 있지만 아버지에게는 그저 법 공부만 열심히 한다고 말했어.

예니, 너에게만은 비밀이 없으니까 내 솔직한 마음을 다 털어놓고 싶어. 공부도 재미있고, 물론 성적도 좋아. 하지만 아버지의 말씀대로 변호사나 공무원이 되고 싶지는 않아. 박사 학위를 받고 나면 교수가 되고 싶은 마음은 있지만 교수가 되기에는 여러 어려움이 있어. 나중에 만나면 자세히 말해 줄게. 하지만 아버지에게만은 비밀이야. 나중에 아버지를 만나 나에 대해 묻더라도 예니는 그냥 내가 공부만 하고 잘 지내는 것 같다고만 말해 줘. 아버지가 나 때문에 걱정하는 것이 싫을 뿐이야. 특히 요즘 들어 아버지의 건강이 좋지 않다고 하시거든. 벌써 스무 살이 넘었는데도 아버지는 나를 어린애로 아셔. 그러니 부탁해.

밀린 공부가 있어 이만 편지를 줄일게.
잘 있어. 사랑해.

마르크스는 트리어를 떠나 제일 처음 입학한 대학은 본대학이었다. 1835년에 마르크스는 프로이센의 대학 입학시험인 '아비투르(Avitus)' 에 합격하여 아버지와의 약속을 지키기 위해 본대학교의 법학부에 입학하였다. 본대학은 라인 주에서 가장 큰 대학으로 매력 있는 학교였다. 하지만 생애 처음으로 가정과 트리어라는 좁은 울타리를 떠나 본에서 자유롭게 지내게 된 마르크스는 처음에는 대학생이라는 신분에서 벗어나지 못했다. 당시의 보통 대학생들처럼 시와 문학작품을 읽고, 술집에 드나들면서 방탕한 생활을 하였다. 그리고 입학한지 얼마 지나지 않아 금세 인기 있는 학생이 되었다. 그도 그럴 수밖에 없는 것이 보통 학생들은 입시 공부 때문에 문학과 철학을 잘 몰랐지만 마르크스는 달랐다. 어릴 때부터 철학과 문학을 아버지와 베스트팔렌 씨로부터 듣고 공부해 온 마르크스에게는 무척이나 쉬운 이야기들이었다. 마르크스가 술을 마시며 바이런의 시나 셰익스피어의 희곡, 그리고 괴테의 소설에 대해 이야기하면 주위에는 많은 학생들이 그 이야기를 들으러 모여들었다. 마르크스는 금방 인기인이 되었고, 그만큼 주위에는 항상 마르크스와 함께 이야기를 나누려는 사람들로 가득 찼다.

당시의 대학생들은 폭압적인 왕정에 거세게 대항하는 분위기였다. 이미 사회는 많은 악습과 비민주적인 제도들이 정당화되었다. 이를 테면 어떤 사람은 태어날 때부터 노예이고, 또 어떤 사람은 태어날 때부터 귀족이라는 과거의 주장이 다시 합리화되었고, 인간은 원래 악하기 때문에 종교와 왕의 힘으로 인간의 악한 성품을 강제로 구속시켜야 한다는 주장도 다시 고개를 들기 시작했다. 이런 상황에 맞서 지식으로 무장한 대학생들과 지식인들은 경찰과 왕의 탄압에 맞서 몰래 유인물을 만들어 시민들에게 나눠 주며 싸우기도 하였다. 몰래 만든 유인물에는 모든 권력은 국민 모두에서 나와야 한다는 내용을 주로 담고 있었는데 시민들을 설득하기 위해서는 철학적으로 생각하면서 문학적인 힘을 갖춘 사람이 필요했다.

그래서 학생들은 마르크스를 찾아가 마르크스에게 글을 써 줄 것을 부탁했다. 마르크스는 며칠 동안 고민했다. 다른 학생들과는 달리 마르크스는 대학교에 들어오기 전에 벌써 아버지가 받는 고통을 직접 본 적이 있기 때문이었다.

마르크스의 아버지 역시 왕과 귀족들 앞에서 민주주의에 대해 정당한 말을 하고 나서 경찰의 조사와 탄압을 피해 비겁한 모습을 보였던 일이 다시 마르크스를 괴롭혔다. 그리고 그런 일들을 하면 앞으로 변호사나 공무원이 되는 데 큰 지장이 있기 때문에 신중하게 결정해야 할 일이었다.

좋은 대학에서 법을 공부하고 졸업하면 앞날이 보장되는 시절이었다. 변호사 혹은 정부의 관리가 되어 많은 월급을 받으며 예니와 함께 편안한 생활을 보낼 것인가, 아니면 아버지가 끝까지 보여 주지 못했던 민주주의에 대한 끝없는 용기를 보여 줄 것인가.

마르크스는 자신의 용기를 시험해 보기로 했다. 마르크스는 친구들의 부탁을 받고 여러 유인물에 글을 썼다. 마르크스는 그 글을 통해 왕정의 부당함과 앞으로 다가올 민주주의에 대해서 여러 차례 글을 발표했다. 친구들은 좋아했지만 그러나 마르크스는 글을 쓰면 쓸수록 차츰 힘들어 했다. 경찰의 눈이 두려운 것이 아니라 글을 몇 번 쓰고 나니 더 이상 쓸 말이 없었기 때문이었다. 친구들의 부탁으로 매번 펜을 들어 글을 쓰려고 했지만 항상 똑같은 말들만 쓸 뿐이었다.

왕정의 부당함과 민주주의에 대해, 그리고 프랑스와 영국에서 있었던 혁명에 대한 이야기를 쓰고 나니 또 무엇에 대해 써야 할지 알 수 없었다. 주위에서는 모두들 똑똑하고 박식하다고 몰려들었지만 자신이 알고 있는 것은 결국 매우 작았다. 마르크스는 잘못된 제도를 바로잡는 것도 중요하지만 잘못을 고발하는 데 그치지 않고 대안을 제시하고 싶었다. 그러나 자신도 대안을 알 수 없었다. 짧은 공부로 그동안 아는 척하면서 지낸 것이 무척 부끄러웠다.

마르크스는 어떻게 하든 새로운 사회에 대한 대안을 제시할 수 있는 공부를 하고 싶었다. 졸업을 하고 바로 변호사가 될 수는 있겠지만 그보다는 더 많은 공부를 하고 견문을 넓히고 싶었다. 하지만 계속 공부를 하려면 생활비와 학비 그리고 책값이 너무나 많이 든다는 것을 잘 알고 있었다.

마르크스는 하는 수 없이 베스트팔렌 씨와 아버지에게 편지를 썼다. 자신이 불법 유인물에 글을 쓴다는 말을 하지 않았지만 자신이 아는 것이 너무 없다고 솔직하게 편지에 썼다. 더 배우고 싶지만 돈이 더 많이 들 텐데 그것 또한 걱정이라고 썼다. 그러고 나서 며칠 후 마르크스는 아버지와 베스트팔렌 씨로부터 각각 답장을 받았다.

아버지는 마르크스에게 보다 더 큰 도시로 나가서 공부를 해 보라는 것이었다. 본도 물론 큰 도시지만 이왕 공부를 하려고 마음먹었으면 독일에서 가장 크고 다양한 학문을 만날 수 있는 베를린대학으로 옮겨서 공부를 해 보라는 것이었다.

사랑하는 마르크스야,

네가 공부에 대해서 특히 훗날 너의 직업이 될 법학에 대해 욕심이 생기게 되었다니 무척이나 기쁘구나. 배우고 싶어 일주일에 아홉 과목이나 든다니 내가 보기엔 좀 많지 않을까 싶은데, 별 어려움이 없다니 다행이다. 더군다나 그것도 모자라서 더 공부를 하고 싶다니 정말 대견하구나. 네 말이 맞다. 지식의 영역은 무한하고 우리가 배울 시간은 짧다. 죽을 때까지 공부를 해도 사실 다 못할 거야. 지금 알다시피 집 안의 형편이 그렇게 넉넉하지 않다. 하지만 아버지가 약속한다. 네가 베를린대학으로 옮겨 공부한다 하더라도 이 아버지는 너에게 최대한의 지원을 해 주마. 돈 걱정은 하지 말고 너의 꿈을 펼치기를 바란다.

사랑하는 마르크스, 너는 나의 소망을 잘 알고 있지? 이 아버지가 항상 꿈꾸던, 하지만 내가 결국 이루지 못했던 것을 네가 꼭 이루어 줘야 한다. 이 아버지의 가장 큰 소망은 너에게 달려 있다. 너는 독일에서 아니 전 유럽에서 가장 훌륭하고 유명한 변호사가 되어야 해.

　사랑하는 마르크스야, 잘 지내 거라.

마르크스는 아버지의 편지를 받고 심한 죄책감에 빠졌다. 예전에 자신이 아버지를 이해하지 못하고 반항하던 자신이 미워졌다. 오직 마르크스 자신만 바라보고 돈을 아껴 가며 헌신적인 사랑만 보여 주는 아버지에 대해 마르크스는 죄책감에 빠졌다.

아버지는 평생 여행도 한 번 가 보지 못했다. 여행도 가지 못했을 뿐만 아니라 좋은 옷도 사지 않았고, 비싼 음식을 먹지도 않았다. 오직 마르크스의 학비와 생활비만 신경을 썼기 때문이었다. 유능한 변호사였지만 유대인이었고, 또한 자유적인 사상을 가졌기 때문에 변호사치고는 형편없는 수입을 올리고 있었다. 마르크스의 아버지는 언제나 마르크스가 성공해서 자신이 이루지 못한 꿈을 이루기만을 생각했다.

마르크스는 더 이상 다른 데 관심을 가지지 말고 아버지의 바람대로 변호사 공부나 할까 하고 생각했다. 자기 자신만 바라보고 살아 온 아버지를 속이는 것이 과연 올바른 일인가 하고 고민도 되었다.

베스트팔렌 씨의 편지도 마르크스에게는 도움이 되었다. 베스트팔렌 씨는 법학을 하던 문학을 하든 모든 학문의 근본원리는 철학에서 출발한다고 말하면서, 베를린대학에서 철학을 공부하는 것이 좋겠다는 편지를 보냈다. 당시 프로이센을 비롯한 유럽 지식인 사회에서는 헤겔 철학이 유행을 하고 있었는데, 헤겔은 1831년까지 베를린대학교의 교수로 있었다. 헤겔이 죽은 뒤에도 헤겔 철학은 베를린대학에서 널리 퍼져 있었기 때문에 더 깊은 공부를 하기 위해선 베를린으로 가는 것도 좋은 방법이라며 베스트팔렌 씨는 말하고 있었다.

보고 싶은 마르크스,

네가 더 많은 공부를 하고 싶다는 말에 큰 감동을 받았다. 어릴 때부터 알고 싶은 게 많더니 이제 대학생이 되어서도 마찬가지구나. 너에게 꼭 한 가지 권해 주고 싶은 학문이 있다. 그것은 바로 철학이다. 문학이든, 법학이든, 사회사상이나 제도든 그 모든 것들은 바로 철학에서 나온 것이다. 철학은 신과 인간이란 무엇이고 어떤 존재인가 묻는 학문이다. 철학적으로 인간을 어떻게 부르고 규정하는가에 따라 결국 법과 제도가 나오는 것이야. 악법과 악습을 바꾸려 하더라도 철학이 뒷받침되어야만 가능한 일이야. 너만 좋다면 굳이 변호사가 되지 않아도 좋다고 생각한다. 악법만 가득한 세상에서 변호사가 된다 하더라도 평등한 세상을 만들지 못할 거야. 평등한 새로운 법이 만들어지기 전에는 악법 안에서만 변호 하게 되지. 나는 마르크스 네가 오히려 법철학자가 되어 좋은 법을 만들 수 있는 기초를 만들었으면 해. 나의 가장 친한 친구이자 너의 아버지인 하인리히가 말하는 훌륭한 법률가는 바로 그런 법률가야. 작은 도시나 나라에 국한되지 않고 전 세계적으로 유명하고 보편화할 수 있는 그런 법의 기초를 만든 법률가. 상상만 해도 참으로 흥분되는 일이야.

작은 돈이지만 너의 학비에 보탬이 될 수 있도록 편지와 함께 보낸다. 공부하는데 사용하도록 하거라.

그리고 예니가 너를 무척 기다린다. 나의 가문에서 너와 예니의 결혼을 인정하는 사람은 나와 예니 밖에 없다. 비천한 유대인 집 안이라고 가문 전체에서 반대가 심해. 그러니 떳떳하게 결혼할 수 있도록 이왕 시작한 공부 박사 학위까지 받고 대학 강단에 서길 바란다.

언제나 너의 곁에 있는 예니의 아버지 베스트팔렌.

마르크스는 다시 한 번 베스트팔렌 씨에게 깊은 감사를 올렸다. 베스트팔렌 씨의 편지는 큰 힘이 되었다. 베스트팔렌 씨의 말대로 졸업 후 바로 변호사가 되기보다는 더 많은 공부를 해서 새로운 법을 만들 수 있는 학자가 되는 것이 더욱 큰일을 하는 것이 된다고 생각했다.

변호사가 바로 되어 정당한 일을 하다가 구속된 사람의 변호를 맡는다 하더라도 이미 제정한 악법의 한계를 벗어나지는 못할 것이다. 아무리 변호를 잘한다 하더라도 누군가는 억울하게 죄인이 될 수밖에 없는 것이다. 마르크스는 진정한 법률가는 새로운 법을 만들 줄도 아는 그런 바탕이 있어야 한다고 생각했다.

마르크스는 베를린대학에 합격하여 그곳에서 공부만 하였다. 보통 사람들이 몇 년에 걸쳐 공부한 헤겔의 철학 사상을 단 몇 주 만에 독파

하기도 했으며, 당대에 가장 유명한 철학 사조를 집중적으로 공부했다.

　마르크스가 집중적으로 공부한 헤겔 철학은 변증법의 원리로 유명한 철학이었다. 변증법이란 어떤 하나가 반대되는 하나를 만나 갈등을 빚어내고, 이 갈등으로부터 앞의 두 대립을 뛰어넘고 합친 새로운 관념이 탄생한다는 이론이다. 이후 마르크스는 헤겔의 철학에서 변증법과 소외, 그리고 모순이라는 개념을 정립했다. 마르크스가 변증법과 마찬가지로 집중적으로 연구한 이론은 루트비히 포이어바흐(Feuerbach, Ludwig)의 유물론이었다. 포이어바흐는 헤겔과는 달리 신, 종교, 도덕 같은 생각이나 관념들이 실재가 아니라 그런 관념들과는 상관없이 사물이 존재한다는 이론이었다. 그러니까 우리들이 늦잠을 자서 해를 보지 못했다 하더라도 우리들의 생각과는 무관하게 해는 존재한다는 것이 유물론이었다. 마르크스는 포이어바흐의 유물론에서 인간의 생각은 물질적인 것에 근거한다고 생각했다. 그래서 물질적인 존재가 의식이나 생각을 규정한다고 믿었다.

　마르크스는 얼마나 공부와 연구에만 열중했는지 병이 들어 강제로 요양을 가야 할 정도였다. 그러나 마르크스는 베를린을 잠시 떠나 병을 치료하기 위해 요양하는 가운데서도 연구에만 몰두했다. 마르크스를 돌보던 의사는 요양 중에도 그렇게 공부를 할 것이 면 차라리 베를린으로 다시 돌아가라고 말했고, 마르크스는 그렇게 하겠다며 이내 베를린으로 돌아왔다.

베를린으로 돌아온 마르크스를 보고 친구들이 어떻게 그렇게 빨리 병이 나았나 하고 물었을 때 마르크스는 책을 보니 아픈 생각도 들지 않았고, 책에서 뿜어 나오는 열기가 병균을 모두 죽인 것 같다고 말했다. 친구들은 마르크스의 연구열에 혀를 내두른 채 다시 한 번 마르크스의 지적인 욕심에 대해 놀랐다.

마르크스의 친구였지만 나중에는 마르크스의 열렬한 지지자이자 제자로 자처한 모제스 헤스(Moses Hess)는 자신의 친구에게 마르크스에 대한 소개 편지를 보내면서 이렇게 적었다.

마르크스는 현존하는 철학자들 중에 가장 위대하다. 아마도 진정한 철학자는 그 밖에 없을 것이다. 그는 독일 전체의 주목을 받게 될 것이다. 마르크스 박사, 이것이 내 우상의 이름이다. 그는 아직 20대 중반의 젊은이다. 그러나 머지않아 중세 식의 종교와 정치체제에 최후의 일격을 가하게 될 것이다. 그의 철학적 진지함은 쉽게 헤아릴 수 없을 만큼 깊고 오묘하며, 그의 지혜는 아주 매섭고 날카롭다. 루소, 볼테르, 홀바, 레싱, 하이네, 헤겔이 하나로 합해진 인물을 상상해 보라. 그냥 합쳐진 것도 아니고 그들을 모두 합친 것보다도 더 뛰어난, 그가 바로 마르크스 박사이다.

하지만 마르크스는 자신을 신처럼 모시고 다니는 자신의 지지자들에게 그렇게 큰 관심을 두지 않았다. 오히려 마르크스 자신에게 보여주는 지나칠 정도의 열광들을 매우 우스꽝스러운 일이라고 말했다. 마르크스는 자신의 이론에 대해 열광하는 친구들에게 완벽함은 있을 수 없다며 중요한 것은 변증법에 따른 자기반성이라고 했다. 그러니까 자신의 이론도 언젠가는 반대되는 다른 이론과 모순되면서 갈등을 빚어 새로운 이론이 나올 것이기에 친구들에게 그런 광적인 열광은 우스운 일이라고 했다. 중요한 것은 현 단계에서 분명 비민주적이고 폭압적인 왕정이 갈등으로 인해 필연적으로 무너지는 것이라고 했다. 이런 생각은 마르크스가 죽을 때까지 고이 간직한 생각으로 나이가 많이 들었을 때도 마르크스는 한 가지 분명한 것은 나는 마르크스주의자가 아니다.”라고 말했다. 그러면서 어떤 한 주의에 매몰되어 다른 다양한 이론에 눈을 돌리지 않는 것도 비철학적인 모습으로 생각했다.

그러나 마르크스의 생각과는 달리 주위의 친구들은 마르크스를 그냥 내버려 두지 않았다. 무슨 일이든지 마르크스와 함께 하려는 사람들뿐이었다. 시위와 집회를 계획할 때도 마르크스를 끌어들였고, 시민들에게 나누어 줄 유인물과 신문을 만들 때도 마르크스를 끌어들였다.

마르크스 역시 공부를 하는 시간 외에는 언제든지 그들을 도왔다. 공부를 하는 목적이 자기 자신의 행복과 안위를 위한 것이 아니라 오직 새로운 세상에 대한 열망이었기 때문에 그는 동료들과 함께 했다. 그러나 새로운 세상에 대해서는 막연하기만 했다. 분명 기존의 왕정이 잘못되어 다른 세상으로 변혁이 이루어질 것 같은데 그것이 무엇이고 어떤 형태의 제도가 될지는 자신도 몰랐다. 그런 것을 함께 고민할 친구가 있으면 좋겠다고 생각했지만 마르크스 주위에는 언제나 마르크스를 따르는 추종자들뿐이었다.

마르크스는 베를린대학에서 모제스 헤스의 소개로 자기 인생에 가장 중요한 친구가 될 사람을 만나게 된다. 그는 바로 프리드리히 엥겔스(Engels, Friedrich)로 거대한 무역 상인의 아들이었다. 마르크스는 이전까지 만났던 친구들과 엥겔스는 다르다는 것을 느꼈다. 본이나 베를린에서 만났던 친구들은 오직 마르크스에게 가르침을 받는 친구들이었지만 엥겔스는 마르크스 자신이 알지 못했던 자본주의라는 사상과 제도 그리고 경제 이론을 자세히 알고 있었다. 또한 엥겔스는 이미 프랑스와 영국에서 활동하고 있던 공산주의자들의 이론에 대해서도 해박한 지식을 가지고 있었다. 마르크스는 또 다시 자신이 우물 안 개구리라는 것을 알았다. 자신이 헤겔 철학과 포이어바흐의 유물론에 온 정신을 쏟고 있는 동안 유럽의 한편에서는 새로운 사회사상과 제도들이 봇물처럼 터져 나오고 있음을 알았다.

4. 세 가지의 선택, 그리고 최고의 결정

1838년은 마르크스에게 자신의 진로를 결정하는 매우 중요한 해였다. 마르크스에게 가장 큰 영향을 미친 아버지가 세상을 떠났기 때문이었다. 한평생 자신을 위해 헌신적인 모습만 보여 줬던 아버지가 죽음으로 해서 마르크스는 처음에 일시적인 공황에 빠졌다. 만일 마르크스의 아버지가 그 해에 세상을 떠나지 않고 좀 더 오래 살았더라면 마르크스는 아버지의 바람대로 변호사나 고위 공무원이 되었을 지도 모른다.

마르크스는 아버지의 편지를 받을 때마다 아버지의 지극한 사랑에 감동을 받았었다. 마르크스는 아버지의 다정한 편지를 볼 때마다 마음이 흔들렸었다. 마르크스는 아버지에게 답장을 할 때마다 당시 학생들 사이에 널리 퍼져 있던 혁명 정신과 왕정에 대한 비판은 말하지 않았다. 물론 자신은 다른 학생들처럼 정치적 활동에는 전혀 참가하지 않고, 그저 공부만 하는 학생인 것처럼 언제나 편지에 썼었다. 그런 모습은 아직 마르크스가 자신의 앞날과 진로를 확고하게 정하지 않았기 때문이었다. 그러나 아버지가 세상을 떠남으로 해서 마르크스는 더욱 마음을 굳히게 된다.

같은 시기에 프로이센왕국의 교육부 장관은 저항 세력을 노골적으로 탄압하는데 교수 자격이 있는 졸업생들과 지식인들을 모두 학교에서 쫓아내게 된다. 마르크스와 함께 활동했던 바우어(Bauer, Bruno)는 당시 대학교 강사로 있었다. 프로이센왕국의 교육부는 바우어의 모든 권한과 직위를 박탈하고 그 어떠한 공직에도 진출하지 못하게 하였다.

마르크스는 이때 다시 한 번 자신의 앞날에 대한 고민을 하였다. 아버지가 죽으면서 남긴 재산은 그리 많지 않았다. 유능한 변호사였음에도 불구하고 유대인이라는 이유 때문에, 그리고 왕과 귀족들에게 협조하지 않고 자유로운 사상을 지녔다는 이유 때문에 마르크스의 아버지는 재산을 모으지 못했었다. 마르크스는 장남이었기 때문에 아버지의 죽음 이후 자신의 학비와 생활비는 물론 집안의 생활비도 책임을 져야만 했다.

아버지의 장례식을 마친 후 마르크스는 실의에 빠져 있었다. 연구도 제대로 할 수 없었다. 장례식도 예니와 예니의 아버지인 베스트팔렌 씨의 도움으로 겨우 치를 정도였다. 마르크스는 그동안 잘 마시지 않았던 술을 조금 마셨다. 그의 곁에는 오직 자신을 바라보는 어머니와 동생들이 있을 뿐이었다. 예니는 마지막까지 손님들을 대접하고 인사를 한다고 거의 쓰러질 듯 피곤했다. 그런 힘든 상황인데도 예니는 마르크스와 눈을 마주치면 애써 미소를 지어 보였다. 마르크스는 그런 모습을 볼 때마다 더욱 자기 자신이 싫었다.

예니와 마르크스는 아버지가 세상을 떠나기 한 해 전인 1837년에 약혼을 했다. 그러나 약혼식은 주위의 축복을 받으며 성대하게 열린 것이 아니라 양가의 부모님만 지켜보는 데서 간소하게 치렀었다. 베스트팔렌 가문에서 반대가 심해 약혼도 하지 못할 뻔했었다. 그러나 마르크스와 예니의 사랑이 서로 확고했기 때문에, 그리고 마르크스의 아버지와 베스트팔렌 씨가 가문의 반대를 무릅쓰고 일단 약혼이라도 해두자는 생각 때문에 약혼식은 비밀리에 겨우 할 수 있었다.

마르크스는 그때 예니에게 맹세한 적이 있었다. 마르크스는 준비해 간 싸구려 은반지를 예니에게 끼워 주면서 예니에게 속삭이듯 말했다.

'지금은 비록 천한 가문에 재산도 넉넉지 않은 초라한 모습이지만 언제나 예니 당신을 여신으로 생각하고 있으며, 나는 여신을 영원히

지켜주는 기사가 될 거야.'

그 말을 들으면서 예니의 뺨은 더욱 붉어졌고, 그 뺨 위로 뜨거운 눈물이 흘러내렸다.

'나 예니도 나의 사랑 마르크스에게 맹세합니다. 영원히 흔들리지 않는 마음으로 나의 기사 마르크스를 지켜 주겠어요. 그 어떠한 고난과 역경이 닥치더라도 마르크스를 지켜 주는 이 여신 앞에서는 그저 약한 미풍에 지나지 않을 거예요.'

둘은 그렇게 서로를 영원히 지켜 주기로 했었다. 그러나 일 년이 채 지나지 않아 예니를 지켜 주기는커녕 당장 학비와 생활비를 걱정해야 할 판이었다. 그런 고민을 하면서 술잔을 만지작거리고 있던 마르크스에게 예니가 찾아왔다.

"카를, 멀리서 손님이 찾아왔어요. 아마도 베를린에서 온 친구 같아요."

마르크스가 예니와 함께 나가 보니 다름 아닌 엥겔스였다.

"미안하네, 친구. 아버지와 함께 해외에 나가 있다가 소식을 늦게 들었어."

마르크스는 멀리 자신을 찾아 준 엥겔스에게 깊은 감사의 뜻으로 포옹을 해 주었다. 엥겔스는 마르크스와 함께 술을 마시면서 자신이 학비와 생활비를 대 주겠다고 말했다. 엥겔스의 집 안은 섬유 사업과 무역업으로 막대한 돈을 모았으므로 그 정도의 학비와 생활비는 충분히 댈 수 있었다. 그러자 마르크스는 약간 화를 내면서 필요 없다고 말했다. 그런 문제는 자신이 풀어야 할 문제이지 친구의 도움으로 살아가고 싶지는 않다고 말했다. 그러자 엥겔스가 빙긋이 웃으면서 말했다.

"카를, 자네의 자존심은 내가 잘 알지. 자네가 물론 거절할 것이라고 내 짐작은 했어. 그렇지만 카를, 내 말을 잘 들어 봐. 자네는 왜 자신의 이익을 위해 공부하지 않고 평등한 세상의 밑받침이 될 연구만 하지? 자네처럼 공부를 열심히 하면 변호사가 될 수도 있고, 또 충분히 교수나 고위 공무원이 될 수도 있는데 말이야."

엥겔스의 물음에 마르크스는 확실하게 대답을 할 수 없었다. 잠시 곰곰이 생각하던 마르크스는 신념 때문이라고 말했다.

"내가 어렸을 때 아버지가 비겁한 모습을 보인 적이 있어. 모든 권력은 국민에게 있고, 모든 국민이 평등하게 정치에 참여해야 한다는 아버지의 용기와 신념은 단 며칠 만에 번복되었지. 그때 나는 자유롭게 말할 수 없는 사회, 그러니까 사람들에게서 말할 용기를 빼앗아 가는 사회를 바꾸리라고 마음먹었지. 그리고 공부를 하면 할수록 나는 내가 생각하는 것이 맞는다는 신념이 생겼어. 나는 내 믿음에 내 모든 걸 걸고 투자하기로 했어. 변호사나 고위 공무원이 된다 하더라도 악법 속에서 할 수밖에 없으니까 큰 틀을 위해 내 한 몸을 던지기로 한 거야."

마르크스의 말을 가만히 듣고 있던 엥겔스가 고개를 끄덕였다.

"그럼, 카를. 이러면 어떨까? 자네는 자네가 믿는 것에 자신의 모든 것을 걸고 바친다고 했지? 나도 그러면 어떨까? 나 또한 내가 믿는 것에 투자를 할 생각이야. 나는 사람을 믿어. 바로 자네를 말이야. 자네가 자네의 신념에 모든 걸 바치는 것처럼 나 또한 내가 믿는 자네에게 내 모든 걸 바칠 것이야. 이건 자존심의 문제가 아니야. 서로 간의 믿음에 대한 이야기야."

마르크스는 엥겔스의 조리 있는 설명에 반박할 답을 찾을 수 없었다. 자신이 철학을 믿는 것처럼 엥겔스 역시 자신을 믿는 것이었다. 엥겔스가 다시 말을 했다.

"여보게, 카를. 사람은 그냥 자신을 위해 사는 것보다 누군가를 위해 살 때 가장 위대한 것이라네. 자네가 억압받고 고통 받는 사람을 위해 공부하는 것처럼 나 또한 나를 위해 살고 싶지는 않네. 나 역시 다른 사람들을 위해 살고 싶네. 나는 자네가 이때까지 그 어떠한 학자들이 이루어 내지 못한 것을 이루어 낼 것이라고 믿어. 나는 말이야, 아버지를 닮아 투자할 곳을 아주 정확히 찾거든. 나의 아버지는 투자를 해서 돈을 잃은 적이 한 번도 없어. 단 한 번도 말이야."

마르크스는 자신이 선택의 갈림길에 서 있음을 알았다. 이대로 변호사가 되어 악법 속에서 돈을 벌며 생계를 책임질 것인가, 아니면 다른 사람들의 도움으로 공부를 끝까지 해서 새로운 세상에 대한 계획서를 보여 줄 것인가.

마르크스와 엥겔스의 이야기를 듣던 베스트팔렌 씨가 불쑥 끼어들었다.

"사랑하는 카를. 너는 아주 훌륭한 친구를 사귀었구나. 더 이상 고민할 것 없어. 친구의 도움을 받았다고 해서 상하는 마음이 자존심이 아니야. 자존심은 자신의 신념을 중간에 포기했을 때 상하는 마음이야. 엥겔스처럼 집 안의 일은 내가 최대한 도울 테니 너는 베를린에서 공부나 끝내 거라. 아무 걱정하지 말고. 나는 마르크스 너를 항상 내 친아들처럼 생각했다. 이것은 다른 사람의 문제가 아니라 가족의 일이야. 그러니까 너는 부담을 갖지 말거라."

베스트팔렌 씨가 마르크스를 안아 주며 마르크스의 어깨를 토닥여 주었다. 마르크스는 자신의 주위에 있는 사람들이 그렇게 고마울 수 없었다. 자신의 주위에 있는 사람들에게 고마움을 갚는 일은 오직 자신이 연구해 새로운 학문의 결실을 보여 주는 일밖에 없었다.

마르크스는 며칠 후 베를린으로 돌아가서 다른 일에는 신경을 쓰지 않고 오직 연구에만 몰두한다. 1841년, 드디어 박사 학위를 받은 마르크스는 자신의 박사 학위 논문에 베스트팔렌 씨에게 열렬한 헌사를 바침으로 고마움을 표시한다. 자신을 끝까지 믿어 준 베스트팔렌 씨에게 학위로 보답을 한 것이었다.

그러나 마르크스에게는 또 하나의 갈림길이 기다리고 있었다. 마르크스의 성적은 아주 우수했다. 또한 박사 학위 논문인 〈데모크리토스 철학과 에피쿠로스 철학의 차이(Difference Between the Democretian and Epicurean Philosophy of Nature)〉는 훌륭한 논문으로 인정을 받았다. 학위를 받음으로 해서 교수가 될 자격이 생긴 것이었다.

그러나 마르크스가 박사 학위를 받은 시기는 왕이었던 프리드리히 빌헬름 3세가 죽고 돈 카를로스가 프리드리히 빌헬름 4세로 즉위한지 일 년이 지났을 무렵이었다. 그 시기는 프로에센 제국의 역사상 가장 혹독한 시기였다. 돈 카를로스는 즉위한 처음과는 달리 일반적인 절차까지 무시하며 국민들을 탄압하고 잡아가며, 모든 신문을 검열해 사람들의 눈과 귀를 가로막았다.

친구들이 마르크스의 박사 학위 취득을 축하하면서 작은 맥주 집에 모여들었다. 그 중에는 바우어도 있었고, 또한 마르크스를 열광하며 따라다니던 모제스 헤스도 있었다. 친구들은 하나같이 교수로 남을 건지 마르크스에게 물어보았다. 그러나 마르크스가 대답도 하기 전에 친구들은 서로 답을 내놓았다. 마르크스가 학교에 남아 학생들을 진보적으로 가르쳐야 한다는 친구들과 학교를 나와 새로운 전망과 계획을 국민들에게 알려 주어야 한다는 친구들로 나뉘었다.

학교에 남아 교수가 되면 사회적인 지위가 보장될 뿐만 아니라 평생을 돈 걱정 없이 지낼 수 있었다. 그러나 교수가 되려면 자신이 학생일 때 비판했던 왕정과 프로이센왕국의 비민주성을 인정해야만 했다. 프로이센의 전제 왕정은 민주주의적이고 혁명적인 사상을 가르치는 선생을 뽑으려 하지 않았기 때문이었다. 더군다나 마르크스는 강사였던 바우어가 쫓겨나는 것을 직접 목격한 적도 있었다.

반면 교수직을 하지 않고 사회로 나와 새로운 사회를 보여 주는 일에 헌신하면 돈은 물론이고, 감옥에 갈 수도 있고, 평생을 도망치며 다녀야 할지도 모르는 일이었다.

맥주잔을 치켜들던 친구들은 서로 옥신각신 싸우다가 마르크스를 쳐다보았다. 어서 결정하라는 뜻이었다.

마르크스는 잠시 생각에 잠겼다. 자신이 교수가 되면 예니와 떳떳하게 결혼식을 올리고 아주 편안한 삶을 보낼 수도 있다. 그러나 교수가 되려면 지난 날 마르크스의 아버지가 그랬던 것처럼 왕과 귀족의 정치를 인정하며, 자신의 신념과 용기를 버려야만 했다. 마르크스의 아버지는 가족들을 위해 평소 자신이 생각했던 길을 버렸고, 그래서 평생 비겁한 사람이라는 소리를 들으며 살았었다.

마르크스는 지난 날 자신의 아버지가 그랬던 것처럼 자신도 한 가지를 선택해야 하는 상황이었다. 그것도 누군가에게 물어보고 결정할 것이 아니라 순전히 자신이 혼자 결정해야 할 문제였다. 자신의 사상을 포기할 것인가, 아니면 일자리를 포기할 것인가.

마르크스는 순간 마을 사람들을 피해 트리어에 있는 작은 숲에 숨어 있던 어린 날의 자신이 떠올랐다. 지금은 자신의 아들이나 딸이 없지만 만일 나중에라도 아이들이 지금의 선택을 이야기 듣는다면 그 아이들도 자신이 그랬던 것처럼 혼란을 겪을지도 모른다.

마르크스는 맥주잔을 들어 올린 채 친구들에게 건배를 제의했다. 친구들의 눈이 모두 마르크스에게로 쏠렸다.

"친구들이여, 나는 결정했다네. 나는 여러분과는 달리 어릴 때 특별한 경험을 했어. 아버지의 모습을 보고 충격을 받은 적이 있다네. 나는 내가 공부한 것을 믿네. 그것은 그 누구의 재산과도 바꿀 수 없는 나의 신념이라네. 내가 비록 용기는 없지만 나는 확언하네. 분명 왕과 귀족들만의 정치는 무너질 것이고 세상은 진보할 것이며, 지금과는 전혀 다른 사회제도가 나타날 것이라는 것을. 그것이 내가 박사 학위를 딸 때까지 공부를 하면서 내린 결론이네. 이제 남은 것은 기존의 질서에 따라 살면서 과거를 연구하는 것이 아니라 미래를 연구하고 움직이는 것이라네. 이때까지의 철학자들은 세계를 여러 이론으로 설명하는 데 그쳤지만, 나 마르크스는 이제 우리에게 당면한 과제인 세계를 변혁하고자 하네."

마르크스는 결코 쉽지 않은 결정을 내렸다. 보장된 삶을 버리고 불투명하고 험난한 삶을 결정한 것이었다. 그것은 오직 자신이 믿는 사상에 대한 신념 때문이었다. 또한 그날의 결정으로 마르크스는 이전까지 전혀 없었던 철학자의 길을 가게 된다. 마르크스가 말했듯이 이전까지의 철학자들은 모두 세상 모든 것에 대해 설명하는 것이 고작이었다. 인간이나 신에 대해서, 그리고 세상의 이치에 대해 설명하는 게 철학자들의 목표였다. 하지만 마르크스는 철학이 세상을 설명하는 데 그치지 않고 세상을 움직이는 도구로 삼았다. 철학을 과학처럼 변화를 일으키는 에너지로 생각한 최초의 철학자가 된 것이었다.

마르크스가 학교를 나온 뒤 가장 먼저 한 일은 작은 신문에 기사를 쓰는 일이었다. 그 신문은 마르크스의 친구였던 모제스 헤스가 라인 지방에 있던 여러 상공인들과 지식인들을 설득해서 자금을 지원 받아 만든 신문이었다. 신문의 발행 장소는 쾰른. 그리고 신문의 이름은 지방 이름을 딴 〈라인 신문〉이었다.

마르크스는 자신이 공부와 연구에 몰두했던 것처럼 신문을 만드는 일에 온 정력을 다 바쳤다. 마르크스가 첫 번째 쓴 기사는 자신의 아버지가 프리드리히 빌헬름 3세를 공격했던 것처럼 프리드리히 빌헬름 4세의 위선을 고발하는 기사였다. 왕이 세습한 것처럼 마르크스 부자도 세습하여 왕을 공격한 것이었다. 그러나 마르크스가 쓴 첫 번째 기사는 검열에 걸려 삭제됐다. 그러나 마르크스는 좌절하지 않았다. 자신의 아버지와는 달리 굴복하지 않았던 것이다. 마르크스는 기회가 될 때마다 합리적으로 그리고 조리 있게 정부를 비판하는 글을 쓴다. 프로이센왕국 안의 어떤 신문보다도 더 격렬하게 정부의 검열제도, 귀족들로 구성된 의회와 고위 관리들을 공격하는 장문의 기사를 내보냈다.

마르크스는 10개월 만에 신문사의 편집장이 되었다. 그 뒤로 〈라인 신문〉은 온건한 신문에서 왕과 귀족을 맹공격하는 급진적인 신문으로 탈바꿈한다. 이 때문에 신문의 판매 부수는 불과 몇 달 만에 8백 부에서 수천 부로 늘어났다. 그리고 〈라인 신문〉의 명성이 전 프로이센왕국으로 번지자 마침내 지방의회가 아닌 중앙정부 차원에서 주목하기 시작했다.

마르크스는 정부와 지주계급에 대한 공격을 강화하는 한편 전반적인 정치적, 경제적 문제에 대한 논의 이외에 라인 지방 사람들에게는 매우 민감하고도 특별한 두 가지 문제를 제기했다. 하나는 모젤(Moselle) 지방의 포도 재배 농부들의 곤궁한 상황이었고, 다른 하나는 가난한 사람들이 주변의 삼림에 있는 썩은 나무를 벌채하는 것을 처벌하는 가혹한 법률이었다.

마르크스는 특히 지주계급과 정부를 격렬하게 공격할 때 이 두 가지 문제를 일례로 들었다. 정부는 이 지역의 민심을 조심스럽게 알아본 후에 검열제도를 이용해서 〈라인 신문〉을 탄압하기로 결정하고 점차 검열의 강도를 강화했다. 마르크스는 그때마다 검열관들의 눈을 피하기 위해 온갖 교묘한 수단을 동원했다. 검열관들은 대부분 머리가 둔한 편이었다. 이런 외중에서도 그는 용케도 약간의 덧칠을 한 민주주의적이고 공화주의적인 선전을 펼쳤다. 이로 말미암아 적어도 한 번 이상 징계를 받았고 검열관이 더 까다로운 인물로 바뀌기도 했다. 1842년은 이러한 치밀한 줄다리기 속에 흘러갔다. 만일 마르크스가 경솔하게 그 한계를 넘어서지만 않았더라면 이러한 줄다리기는 끝없이 이어졌을 지도 모른다.

　러시아 정부는 유럽에서 19세기 내내 반계몽주의와 야만적 관습 및 탄압의 대명사였다. 또 러시아 정부는 유럽의 반동주의자들에게는 필요에 따라 힘을 끌어 쓸 수 있었던 거대한 지원 세력이었고, 반면에 다양한 생각을 가진 자유주의자들에게는 공포의 대상이었다. 당시 러시아 정부는 프로이센과 동맹을 맺고 있었지만, 상대적으로 프로이센에 비해 힘이 강했다. 이런 사실 때문에 마르크스는 일련의 사설에서 러시아를 신랄하게 공격했다. 당시뿐만 아니라 그 후로도 마르크스는 러시아와의 싸움이 유럽의 자유를 지키는데 매우 중요하다고 보았다.
　러시아 황제 니콜라이 1세는 이 맹렬한 탄핵 문들이 실린 신문 한 부를 우연히 보고는 깜짝 놀라 프로이센 대사에게 노여움을 표시했다. 러시아 수상은 프로이센 왕에게 엄중한 서한을 보내 검열관들의 무능을 심하게 질책했다. 프로이센 정부는 힘이 강한 러시아를 진정시키기 위해 즉각적인 조치를 취했다.
　1843년 4월, 〈라인 신문〉은 경고도 받지 못한 채 폐간되었고, 마르크스는 실업자 신세가 되었다. 하지만 〈라인 신문〉에서 보낸 일 년 동안 마르크스는 자유주의를 탄압하는 정부들에게 거침없이 비판을 하는 탁월한 정치 평론가로 변신했다. 이 당시 그의 생각은 사회적으로 악명이 높았다. 훗날 그가 걸어간 길은 그에게 이러한 취향을 마음껏 펼칠 기회를 충분히 제공하게 된다.

한편 이런 외중에도 마르크스는 지칠 줄 모르고 연구에 몰두했다. 마르크스는 프랑스 사회주의자들의 책을 직접 읽기 위해 프랑스어를 공부했다. 그래서 번역을 기다리지 않고 프랑스에서 출간 되는 즉시 책을 구입해 읽었다. 뿐만 아니라 유럽의 역사를 다시 공부하기 시작했다. 역사의 흐름을 파악하고 미래를 예측하기 위해서였다. 마르크스는 광범위한 연구를 하는 것으로 유명한 데 철학, 역사, 사회사상 서적뿐만 아니라 고대와 현대 예술에 관한 책들도 함께 공부했다. 모든 학문이 떨어져 있는 것이 아니라 서로 유기적으로 연관되어 있다고 생각했기 때문이었다.

마르크스의 연구열은 그의 신혼여행에서 잘 나타난다. 1843년 4월, 마르크스는 예니 폰 베스트팔렌과 드디어 결혼을 하였다. 베스트팔렌 씨가 죽은 뒤 예니와의 결혼은 더욱 반대에 부딪혔다. 그나마 버팀목이 되어 주었던 베스트팔렌 씨가 세상을 떠난 뒤 예니의 가문에서는 마르크스와의 결혼을 반대하는 목소리는 더욱 커졌다. 결국 예니는 친척들의 축하도 제대로 받지 못한 채 은그릇 몇 개만을 지참금으로 가지고 마르크스와 결혼을 하였다. 명망 있고 유명한 가문의 아가씨가 돈과 명예를 포기한 채 가난한 마르크스와 드디어 결혼을 한 것이었다.

　마르크스와 예니의 결혼은 서로 간의 인생에 가장 중요한 선택이자 결정이었다. 마르크스와 결혼을 함으로 해서 예니의 삶은 변했다. 귀족의 딸로 남부러울 것 없이 자란 예니는 일생을 마르크스의 삶과 학문 연구에 바쳤다. 예니는 마르크스를 사랑하고 존경하고 신뢰했으며, 감정적으로나 지적으로나 마르크스에게 삶을 송두리째 바쳤다. 또한 마르크스 역시 위기나 불행이 닥쳤을 때는 언제나 주저 없이 예니에게 의지했으며, 평생 동안 예니의 아름다움과 지성을 자랑했다.

　마르크스와 예니는 신혼여행으로 라인 주에 있는 크로이츠나흐(Kreuznach)로 갔다. 크로이츠나흐는 로마 시대 때부터 온천으로 유명한 관광지였다. 그러나 마르크스가 신혼여행 때 가져간 것은 헤겔과 샤토브리앙, 몽테스키외, 마키아벨리, 루소, 바뵈프, 데몰랭, 마담 롤랑, 라크르텔, 러셀의 저서들이었다. 옷 가방 대신에 책만 잔뜩 싸 가지고 간 마르크스는 신혼 여행지에서도 책읽기에만 몰두했는데, 아내가 된 예니는 투정을 부리지 않고 함께 독서를 하며 오히려 논쟁과 토론을 하였다.

　마르크스가 베를린에서 공부를 하는 동안 예니도 홀로 공부를 한 것이었다.

　"당대 최고의 철학자이자 천재라고 불리는 당신의 아내가 되려면 이 정도는 알아야겠죠?"

　놀란 눈으로 예니를 바라보는 마르크스를 향해 예니는 예전처럼 살짝 뺨을 붉히며 말했다.

"내 인생에 있어서 최고의 선택과 결정은 바로 예니 당신이야."

마르크스는 아주 공손하게 예니의 손등에 입을 맞추었다. 크로이츠 나흐의 따뜻한 4월의 태양이 예니의 얼굴을 화사하게 덮었다.

5. 떠도는 가족

마르크스와 예니는 프랑스 파리로 이주할 것을 결정했다. 프로이센에서는 더 이상 공개적으로 자신의 사상을 말하는 것이 불가능했기 때문이었다. 마르크스는 친구인 아놀드 루게(Arnold Ruge)에게 당시의 프로이센의 분위기에 대해 편지를 썼다.

정말로 프로이센의 분위기는 너무 견딜 수가 없고 질식할 것만 같아. 칼이 아니라 작은 못을 들고 자유를 위해 굽실거리는 것조차 이곳에선 쉽지 않아. 나는 이 위선과 어리석음, 그리고 관료들의 야비함에 질려버렸어.

검열에 걸리지 않기 위해 보이는 관리들에게 절을 해야 하고 아무 탈 없는 글로 만들기 위해 밤새는 것에 지쳤어. 이제 프로이센에서 내가 할 수 있는 일은 아무 것도 없는 것 같아. 프로이센에서 유일하게 할 수 있는 일은 진실을 속이고 기만하는 일 외에는 아무 것도 없어.

마르크스 자신의 사상을 자유롭게 펼치는 것은 비단 프로이센뿐만 아니라 유럽 다른 지역에서도 마찬가지였다. 그러나 파리는 다를 것 같았다. 그 시기의 파리는 사회적으로 정치적으로, 그리고 예술적으로도 자유로웠으며, 당시 파리의 군주였던 루이 필립은 많은 나라의 망명객과 혁명가들에게 피난처를 제공하고 있었다. 때문에 파리에는 대단히 많은 시인들과 음악가, 작가, 사상가들이 모여들었고, 심지어는 사회주의자와 공산주의자들까지 모두 모여 있어 사회주의의 수도라고까지 부를 정도였다.

파리의 지적 분위기는 흥분과 이상 사회에 대한 이야기로 도시 전체가 들떠 있었다. 구체제, 폭군들, 군대, 노예, 인권 등의 문제는 파리의 거의 모든 살롱과 술집에서 연일 이야기 되고 있었다. 이런 분위기 때문에 마르크스와 예니는 파리로 이주할 것을 결심했다.

1847년, 마르크스와 예니는 드디어 파리에 첫 발을 들여놓는다. 마르크스와 예니가 파리로 갔을 때 이미 마르크스는 유명 인사가 되어 있었다. 그것은 마르크스에게도 뜻밖의 상황이었다. 파리의 지식인들은 마르크스를 프로이센을 떠날 수밖에 없었던, 탁월한 기자이자 학자로 받아들이고 있었다. 당시 가장 유명한 시인이었던 하이네가 직접 찾아와 친구 관계를 가질 정도로 마르크스는 유명해져 있었다.

그러나 그 유명세 때문에 후에 마르크스는 많은 국가의 경찰에게 비타협적인 혁명적 공산주의자이자 체제 전복을 꾀하는 가장 악명 높은 지도자로 알려지게 되었다.

파리의 바노가 38번지에 집을 얻은 마르크스는 수많은 사람들을 만나고 사교 활동을 벌였다. 프랑스 유명 귀족들과 지식인들을 만나기도 했으며, 프루동(Proudhon, Pierre Joseph), 바쿠닌(Bakunin, Mikhail Aleksandrovich) 같은 사회주의자들과도 만나 서로의 이론을 공부하기도 했다.

마르크스는 프랑스의 사회주의자와 사회주의적 작가들을 만나면서 현실 정치에 대한 강렬한 인상을 받았다. 그러나 마르크스가 만난 프랑스 사회주의자들은 대부분 공상적으로 그리고 비현실적으로 사회주의를 이야기 하고 있었다. 프랑스 사회주의자들은 사회주의를 말할 때 마치 기독교 신앙에서 말하는 천국이나 신화나 상상 속에 나오는 유토피아처럼 설명하곤 했는데, 마르크스는 이것을 보다 현실 세계에 가깝게 설명하고자 했다. 그러니까 마르크스는 공상적 사회주의에 역사의식을 덧붙임으로 해서 현실 세계에서 가능한 사회를 학자답게 과학적으로 설명하였다.

마르크스는 공상적 사회주의자들 말고도 다양한 사람들과 만남을 가졌는데, 그 중에는 무정부주의자들도 있었다. 무정부주의자들에 대해 마르크스는 그들의 순수한 마음은 좋아했지만 그들의 급진성과, 폭력성 그리고 무분별한 테러리즘 때문에 그들과 거리를 두었다.

마르크스가 파리에서 학문적으로 새롭게 배운 것은 한두 가지가 아니었다. 마르크스는 그 전까지만 해도 신흥 자본가들과 중소 자본가들, 그리고 노동자들이 사회 발전에 어떤 역할을 하는지에 대해서는 거의 생각을 하지 못했다. 그러나 프랑스 사회주의자들을 통해 사회 구조적으로 노동자들이 가장 억압받고 있다는 것을 알았다. 물건을 직접 만들어 내는 생산의 가장 큰 주체였지만 사회적으로나 경제적으로나 가장 소외되어 있는 계급이 노동자임을 알아냈고 이러한 문제에 주목하게 되었다.

마르크스의 평생 동지이자 친구인 엥겔스는 일찍부터 그런 문제를 마르크스에게 자주 전해 주었다. 마르크스가 베를린에 있든지, 파리에 있든지 항상 연락을 주었던 엥겔스는 사업 때문에 영국에 자주 갔었는데, 하루는 마르크스에게 영국의 어린 노동자들의 비참한 생활에 대한 편지를 보냈다.

이곳의 하층 계급들, 특히 공장 노동자들은 끔찍한 불행에 시달리고 있다네. 매독과 결핵 그리고 이름도 알 수 없는 부지기수의 전염병들이 그들을 괴롭히고 있다네. 의무교육을 받으며 뛰어놀고 공부해야 할 어린아이들이 자그마치 2,500명이나 일을 하고 있는데, 그 이유는 어른에 비해 임금이 반밖에 되지 않기 때문에 공장주들이 서로 고용하려 들기 때문이라네. 어린 아이들은 광산의 몇 백 미터나 되는 어두운 굴을 기어서 석탄을 나르는데, 그들의 까진 무릎에서는 붉은 피가 흐르는 것이 아니라 검은 피가 흐른다네.

하루에도 몇 명씩 죽어 나가지만 어린 노동자를 보호할 아무런 법도 제도도 갖추어져 있지 않다네. 성인 노동자들도 힘들긴 마찬가지야. 그들은 하루 열네 시간씩 일하면서 목표 생산량을 언제나 채우지만 그들에게 돌아가는 몫은 겨우 한 가족이 입에 풀칠하는 정도야. 온 가족이 공장에 나가 일하지 않으면 아마 며칠 못 가서 모두 굶어죽을 것이야. 비참한 정도가 아니라 지옥과 마찬가지야.

마르크스는 파리에서 만난 사회주의자들과 그리고 친구인 엥겔스를 통해 가장 억압받는 계급이 노동자 계급임을 알게 되었다. 그 당시 프랑스와 영국은 산업혁명을 통해 일찍부터 노동자라는 계층이 생겨났고, 또 자본주의의 폐해에 대한 심각한 문제 제기가 있었다. 하지만 마르크스가 살았던 프로이센은 늦게 산업화가 진행되었으므로 마르크스는 노동자들의 삶을 제대로 알 수 없었다. 그때부터 마르크스는 공장 노동자들에 대한 연구를 본격적으로 하기 시작했다.

파리에서 마르크스는 처음으로 새 가족을 만났다. 새 가족은 바로 사랑하는 첫째 딸, 예니헨(어린 예니라는 뜻)이 파리에서 태어난 것이었다. 그러나 활발한 삶과는 달리 경제적인 면에서 마르크스의 가족은 극한 어려움에 처하게 되었다.

마르크스는 평소와 마찬가지로 파리에서 연구만 한 것이 아니라 자신의 정치사상을 알리기 위해 신문을 만들기로 하였다. 프로이센왕국 내에서는 더 이상 신문을 만들지 못하므로 파리에서 만들어 프로이센으로 보내려고 했던 것이었다. 프랑스로 찾아온 친구 아놀드 루게와 함께 창간한 신문 〈독불 년지(獨佛年誌)〉는 첫 호를 찍자마자 프로이센에서 판매 금지 처분을 받았다. 프로이센의 경찰은 이제 마르크스를 학자나 철학자가 아닌 직업 혁명가로 규정하고 파리에까지 감시의 눈길을 돌렸다. 이에 마르크스는 감시의 눈길을 돌리고자 프로이센왕국의 시민권을 포기하였다. 그러나 이것은 후에 잘못된 선택이었다. 시민권을 포기한 것은 국적이 없는 무국적자가 된 것이었고, 무국적자는 언제라도 추방당할 수 있는 사람들이었다.

카를 예니, 그리고 새 식구인 예니헨은 경제적으로 속수무책의 상황에 놓이게 되었다. 더 이상 팔 재산도 없었고, 다른 사람들에게 돈을 빌리거나 은행에 빚을 내어 겨우 생활하고 있었다. 파리에 있는 36개월 사이에 무려 여섯 차례나 이사를 해야 했다.

더군다나 프로이센 정부가 마르크스를 엄중하게 처벌하도록 프랑스 정부에 압력을 넣기 시작했다. 당시 프랑스 정부는 프로이센과 관계를 개선하기 위해 마르크스를 비롯한 몇 명의 혁명가들을 추방하기로 결

정했다.

마르크스는 추방 결정을 앞두고 어찌해야 할 바를 몰랐다. 그리고 아내 예니의 뱃속에는 예니헨의 동생이 곧 태어날 준비를 하고 있었다. 조만간 식구가 더 생기는 것이었다. 불어난 가족에, 한 푼도 없는 마르크스의 가족들은 추방까지 당하고 나면 그야말로 거리에서 얼어 죽을 수도 있었기 때문이었다.

마르크스는 불안감에 시달렸다. 병적일 만큼 극도의 신경과민에 시달렸지만 병원에 갈 엄두를 내지 못했다. 그러나 마르크스는 그런 와중에도 가족들에게 화를 내지 않았다. 자신의 아버지가 그랬던 것처럼 마르크스는 가족들에게 절대로 힘든 모습을 보이지 않았다. 병에 걸려 아픈 중에도 자식에게 목마를 태워 주며 놀아 주었고, 자식의 교육만큼은 빚을 내서라도 시켜 주었다.

경제적인 문제도 문제였지만 더욱 큰일은 추방이었다. 국적이 없기 때문에 고향으로 돌아갈 수도 없었다. 마르크스의 병은 깊어 갔지만 해결책은 보이지 않았다. 자신은 굶어도 되지만 사랑하는 아내와 자식이 굶주리는 것은 도저히 참을 수 없는 고통이었다. 추방 명령 때문에 짐을 쌌지만 돈이 될 만한 물건들은 모두 팔아 짐은 단출하기만 했다. 만삭이라 배가 부른 아내와 아직 어린애인 예니를 데리고 갈 곳을 찾아 헤매던 마르크스는 더 이상 갈 곳이 없자 심한 절망감을 느꼈다. 프랑스에서 사귀었던 친구들도 추방 명령 앞에선 아무런 도움을 줄 수 없었다.

위기감과 절망감이 마르크스를 짓누르고 있을 때, 마르크스는 한 통의 편지를 받았다. 친구 엥겔스였다. 엥겔스는 브뤼셀(벨기에의 수도이며 브라반트 주의 주도)에 거처를 마련해 놓았으니 어서 오라는 편지였다. 마르크스의 눈앞에 한 줄기 빛이 보였다.

'오, 엥겔스, 오, 엥겔스. 이번에도 네가 나를 살려 주는구나.'

마르크스는 엥겔스의 편지를 받고 그대로 땅에 엎드렸다.

엥겔스. 마르크스가 위기에 처할 때마다 도움을 기꺼이 준 프리드리히 엥겔스. 그는 마르크스의 평생 친구이자 진정한 마르크스의 대리인이었다.

엥겔스는 성실하고 심지가 굳은 강건한 정신의 소유자였다. 그의 성실성은 보기 드물 정도였고, 재능이 아주 다양했다. 특히 그는 지식을 신속하게 받아들여 자기 것으로 만드는 탁월한 능력을 가지고 있었다.

엥겔스는 평생 동안 마르크스의 뒤에서 묵묵히 마르크스를 도울 뿐 더 이상의 명성을 바라지 않았다. 엥겔스는 마르크스에게서 독창적인 정신의 샘을 발견했다. 그래서 자기 자신과 자신의 일을 마르크스와 동일시했으며, 결국 동지이자 스승이었던 마르크스의 명성이 언급될 때면 늘 함께 거론되는 것으로 만족했다. 엥겔스는 마르크스의 천재성을 변함없이 인정한 유일한 친구였다. 엥겔스는 마르크스를 단 한 번도 경쟁자로 생각한 적이 없었다. 엥겔스는 도움을 가장 많이 준 친구였지만 오히려 자신을 마르크스의 학생쯤으로 생각했다.

· 브뤼셀에서의 망명 생활 역시 고단한 생활이었지만 마르크스가 자신의 철학을 완성시키는 시기였다. 마르크스는 학문적으로 옛 스승들과 거리를 두기 시작했다. 스승들의 학문을 그대로 공부만 해서는 새로운 철학을 만들 수 없다고 생각했기 때문이었다. 그래서 마르크스는 윗대 철학자들의 철학을 비판하면서 받아들일 것은 받아들여 나가기 시작했다. 스승들의 학문을 그대로 따라가는 것이 아니라 자신만의 학문과 철학을 만들어가기 시작한 것이었다. 이때 마르크스는 자신이 가진 최고의 무기는 철학과 펜임을 확신했다.

고달픈 생활 속에서도 마르크스는 초기의 역작인 《독일 이데올로기》,《철학의 빈곤》, 그리고 유명한 《공산당 선언》을 집필했다. 그러나 《독일 이데올로기》와 같은 책들은 당시 모든 출판사에서 출판하기를 거절해 출판되지 않기도 했다.

또한 마르크스는 이때 많은 정치조직에 글을 기고했는데, 그 글 때문에 마르크스는 줄곧 논쟁의 대상이 되었다. 마르크스는 폭력적인 혁명보다는 당을 조직하여 정치에 참여할 것과 중소 상공인 등 당시 부르주아계급들과도 함께 연대를 해 프로이센의 귀족정치를 끝내자고 주장했다. 이는 불완전한 민주주의가 봉건적 왕정보다는 낫다고 말한 온건한 주장이었다. 그러나 마르크스의 주장에 반대하는 세력들도 많았다. 온건한 정치보다는 오직 물리적인 힘으로 프로이센 왕정 체제를 전복시켜야 한다고 주장한 세력들과 대립을 겪기도 하였다. 마르크스의 적은 자신을 잡으려는 왕정에만 있는 것이 아니라 자신과 함께 투쟁하는 동지 안에도 존재하고 있음을 알았다. 그래서 마르크스는 항상 외부의 적보다 내부의 적을 더 조심해야 한다고 사람들에게 말하기 시작했다.

1848년 유럽 여러 지역에서 혁명이 일어나 마르크스는 잠시 자유의 몸이 되어 고향 프로이센으로 갈 수 있었다. 그러나 혁명은 일 년 만에 실패로 돌아갔다. 1849년, 프로이센의 정부가 다시 왕정으로 복귀하면서 그 동안 왕정을 거부했던 지식인들과 부르주아, 그리고 노동자와 학생들을 탄압하자 마르크스는 런던으로 망명을 해야만 했다. 몇 개월, 아니 길면 몇 년 동안만 잠깐 머무를 생각으로 간 런던이었지만 마르크스는 죽을 때까지 런던에 고립되게 된다.

　19세기 중반까지만 해도 통신과 교통수단이 현재처럼 발달하지는 않았다. 때문에 섬나라인 영국은 같은 유럽에 속해 있지만 대륙에 비해 정보의 전달이 늦은 편이었다. 대륙과 세계를 뒤흔든 문제들은 많은 시간이 지난 뒤에야 바다를 건너 영국까지 전해졌으며, 설사 새로운 사상과 제도가 전파되었다 하더라도 영국인들 특유의 고집과 성향 때문에 영국화되는 경향이 강했다.

　그런 이유 때문인지 유럽에서 유명한 마르크스였지만 영국인들은 마르크스에 대해 거의 무관심하게 대했다. 오직 관심을 가져 주는 이는 마르크스를 감시하는 프로이센 정부의 비밀경찰들과 스파이뿐이었다.

영국의 런던으로 망명한 다음부터 마르크스는 프로이센 정부가 보낸 스파이들에게 언제나 감시를 당했다. 마르크스의 집 주위에는 늘 사복 경찰들이 맴돌았고, 마르크스가 잠시 외출을 할 때마다 미행이 따라붙었다.

돈이 없던 마르크스 일가는 방 한 개짜리 혹은 두 개짜리 집에서 함께 지냈다. 오랜 세월 동안 마르크스의 재정 상태는 절망적이었다. 고정적인 수입이 없는 상황에서 가족은 늘어 아이들은 네 명이었다. 예니헨과 라우라, 그리고 에드가와 귀도. 그러나 마르크스라는 이름만 들어도 회사들은 그에게 일자리를 내주지 않았다. 마르크스는 학자일 뿐이었는데도 전 유럽에서는 마르크스를 테러리스트나 혁명가로 오해하고 있었다. 때문에 취직은 꿈에도 생각할 수 없었다.

마르크스 가족은 런던에서도 수차례 이사를 거듭하였다. 첼시에서 레스터 광장으로, 그리고는 급기야 런던에서 가장 빈민가이자 병균이 득실거리는 소호의 딘 스트리트 29번지까지 가야했다. 집이라고 하기보다는 움막에 가까웠다. 엥겔스가 보내준 1파운드 지폐로 며칠을 버티면서 말 그대로 굶주리는 일 밖에는 할 것이 없었다. 더군다나 영국의 진보적인 지식인들조차 영국 특유의 무관심 때문에 마르크스는 돈을 빌릴 수도 없었다.

때로는 가족의 옷 전체를 전당포에 잡히기도 했으며 불빛도 먹을 것도 없이 이틀을 앉아 있기만 한 적도 있었다. 당시에 마르크스를 찾아오는 사람들은 오직 빚 독촉을 하는 사채업자들 밖에 없었다. 찾아온 빚쟁이들을 맞이한 것은 마르크스의 자녀들이었다. 빚쟁이들이 문을 두드리면 자녀들은 언제나 "마르크스 씨는 집에 안 계세요."라고 자동적으로 대답하곤 했다.

주로 다락방에서 숨어 지낸 마르크스는 빚쟁이들의 독촉이 심해지면 자신의 옷을 전당포에 맡겼는데, 이 바람에 마르크스는 외출을 포기하고 침대에서 꼼짝도 않고 지내야만 했다. 그나마 구한 불결하고 좁은 집에서 첫 겨울을 맞이하지만 집 주인과 채권자들이 그 집을 압류하는 바람에 비 오는 날 밖으로 쫓겨났다.

마르크스 가족의 비참한 생활에 대해서는 당시 프로이센 정부가 보낸 스파이의 보고서에 잘 나타나 있다. 프로이센 정부에서 보낸 스파이였던 빌헬름 스티버는 마르크스 가족을 집중적으로 감시하여 정부에 보고서를 보냈는데, 감시하는 자신이 불쌍할 정도였다고 했다.

경찰 간부님께

마르크스는 런던에서도 가장 가난하고 주변 환경이 열악한 형편없는 집에서 살고 있습니다. 방은 두 개이지만 어느 방에도 깨끗하고 제대로 된

가구라고는 하나도 찾아볼 수 없습니다. 모든 것은 어딘가 부서지거나 깨져 있거나 찢어져 있는 것들뿐인데 그것들도 두터운 먼지로 뒤덮여 있습니다.

아마도 재산이라고 부를 수 있는 것은 원고 더미와 책, 신문과 아이들의 장난감, 부인의 바느질 도구와 이가 빠진 컵, 지저분하고 싸구려 수저와 포크, 램프와 잉크병이 모두 인 듯합니다.

집 안을 조사해 보니 방 한가운데 조잡한 천을 입힌 테이블이 있었는데, 그나마 테이블이 부서져 있어 매우 심하게 흔들렸습니다. 마르크스가 있는 방은 환기가 제대로 되지 않아 매캐한 냄새와 연기 때문에 눈물이 나올 정도였습니다. 방 안을 돌아다니는 것이 아니라 마치 동굴 속에서 손을 더듬어 길을 찾고 있는 것 같은 생각이 들 정도였습니다.

마르크스의 집 안에서는 의자에 앉는 것도 위험한 일입니다. 집 안에 있는 의자라고는 두 개밖에 없는데 그나마 한 의자는 다리가 세 개 밖에 없어 균형을 잡지 않으면 오래 앉아 있을 수도 없습니다. 나머지 하나는 다리가 온전한 의자지만 아이들이 소꿉놀이를 하는 더러운 장난감들을 올려 놓고 있었습니다. 마르크스의 부인은 친절하여 아이들에게서 온전한 의자를 가지고 온 뒤 저에게 앉으라고 했지만 아이들의 더러운 장난감 때문에 무척 지저분했습니다.

그러나 마르크스와 그의 아내는 가난을 부끄러워하거나 제가 들이닥치더라도 당황해하지 않았습니다. 마르크스 부부는 손님을 더할 나위 없이 친절하게 맞이했습니다. 파이프라든가 담배 혹은 내놓을 만한 것이 있으면 무엇이든 성의껏 내놓습니다. 내놓은 음식과 물건은 형편없지만 마르크스 부부는 초라한 대접을 보상할 만한 대화를 능수능란하게 끄집어냅니다. 마르크스 부부의 재치 있고 흥미로운 대화는 소홀한 대접을 용서할 만큼 만들어 줍니다.

이 시기에는 언제나 도움을 주었던 엥겔스마저 경제적인 형편이 좋지 않았다. 엥겔스 집안의 사업은 고전을 면치 못했고, 연 수입이 100파운드도 되지 않았다. 자신의 수입이 형편없었지만 엥겔스는 최대한 마르크스를 도왔다. 하지만 그 돈으로는 한 가족이 제대로 살아가기에도 벅찬 돈이었다.

나날이 마르크스와 그의 가족들의 건강은 나빠졌고, 외출할 옷도 없는 마르크스는 더 이상 연구와 공부를 할 수도 없었다. 마르크스는 책이 무척 보고 싶었지만 나갈 형편이 되지 않았다. 제대로 먹지 못한 아이들을 위해 동화책을 읽어 주거나 함께 목마 놀이를 하는 것 외에는 아무 일도 할 수 없었다.

목마 놀이는 마르크스가 어릴 때 가장 좋아한 놀이였다. 아버지의 넓은 등에 올라타서 마치 말을 올라탄 것처럼 소리를 지르며 손으로 아버지의 엉덩이를 때리는 것이 가장 좋았다. 마르크스의 아들들도 목마 놀이를 좋아했다. 가지고 놀 장난감도 없는 가난한 살림인 탓에 마르크스는 아이들에게 자주 말이 되어 주었다. 특히 장남인 에드가가 가장 좋아했다.

　마르크스는 에드가를 보면서 항상 자신의 어릴 때를 생각했다. 같은 장남인데다 목마 놀이를 좋아하는 것을 보고 마르크스 자신을 가장 많이 닮았다고 생각을 했다. 자신의 아버지가 마르크스에게 희망을 걸었던 것처럼 마르크스는 자신의 장남 에드가를 보면서 언제나 희망을 버리지 않았다.

　"에드가, 너는 마르크스 집안의 희망이다. 잘 알겠지?"

　마르크스가 그런 말을 할 때면 에드가는 언제나 맑게 웃으면서 힘차게 대답했다. 어린 아이들이었지만 가난과 배고픔과 아버지에 대해서 단 한 번도 원망하지 않았다.

　특히 둘째 아들 귀도는 겨울 내내 기침을 하였지만 늘 웃으면서 지냈다. 마르크스는 귀도의 기침이 멎지 않아 걱정되었지만 찾아갈 병원이 없었다. 인근에 있는 병원은 모두 한 번씩 찾아간 상태였다. 병원에서는 마르크스 가족들이 치료비를 낼 형편이 아니라는 것을 알고 돈을 낼 때까지 치료를 할 수 없다고 말하였다. 마르크스가 통 사정을 했지만 병원의 사람들은 들은 척도 하지 않았다. 그럴 때마다 둘째 아들 귀도는 억지로 기침을 참으면서 마르크스의 팔을 흔들며 말했다.

　"이제 아프지 않아요, 아버지. 이제 그만 집으로 돌아가요."

　그렇게 말하면서 기침을 참느라고 양 볼에는 잔뜩 힘이 들어가 있었다. 마르크스는 아들에게 더 이상 부끄러운 모습을 보여 주지 않기 위해 귀도를 안고 집으로 돌아갔다. 귀도의 어른스런 모습을 볼 때마다 마르크스는 더욱 가슴이 아팠다. 분노와 함께 좌절감이 마르크스의 가슴 속에는 항상 웅크리고 있었다.

집으로 돌아가는 길에 마르크스는 멀리 보이는 대영박물관을 바라보았다. 런던에서 살게 되면 대영박물관에서 공부하는 것이 마르크스의 꿈이었다. 대영박물관은 방대한 도서도 자랑거리였지만 특히 영국의 경제 상황에 대한 전문적인 자료가 많아 마르크스는 늘 대영박물관에 가서 공부를 하고 싶었다.

마르크스가 있었던 당시 영국은 산업혁명이 가장 먼저 시작된 곳으로 경제적으로 놀라운 번영을 이루고 있던 시기였다. 마르크스는 그런 영국의 경제에 대해 깊이 있게 공부를 하고 싶었다. 특히 마르크스는 영국의 대표적 경제 잡지인 〈이코노미스트〉와 정부에서 발행한 각종 경제 보고서를 연구하고 싶었지만 그런 책들을 살 돈이 없었다. 대영박물관에 가면 그 책들을 볼 수 있었지만 내일부터는 자신의 마지막 남은 옷을 전당포에 맡기고 돈을 빌려야 할지 모르는 상황이었다. 가족들 모두가 굶어 죽을 판에 대영박물관에 가서 연구만 할 수는 없었다. 특히 귀도의 병원비도 없어 제대로 된 치료를 받지 못하는 상황에선 멀리 있는 대영박물관을 그저 바라 볼 뿐이었다.

마르크스는 한 겨울인데도 속옷만 입은 채 아이들과 놀아주고 있었다. 자녀들의 끼니를 위해 마르크스는 자신의 옷을 전당포에 맡겼기 때문이었다. 그때 예니가 들어오더니 마르크스에게 전당포에 맡겼던

옷을 주었다.

"그 동안 책을 보지 못해 많이 속상했죠? 자, 여기 옷을 찾아왔으니 도서관에 가 보세요. 런던에 오면 언제나 대영박물관에 가서 마음껏 공부하고 싶다고 하셨잖아요."

마르크스는 어떻게 자신의 옷을 가져왔는지 궁금했다. 마르크스의 아내 예니는 힘없이 웃으며 먼 친척의 유산을 앞당겨 받았다고 말했다. 아직 죽지도 않은 먼 친척에게 유산을 조금이라도 앞당겨 달라고 했으니 그것은 참으로 창피한 일이었다. 부끄러운 일이었지만 예니는 마르크스를 위해서 먼 친척에게 사정하고 돈을 받아 온 것이었다.

마르크스는 가난에 찌든 예니의 얼굴을 보자 미안한 마음이 들어 고개를 들 수 없었다. 여신처럼 받들어 주겠다고 맹세를 했지만 여신으로 받들기는커녕 끼니조차 제대로 해결하지 못하니 마르크스는 미안하다는 말조차 할 수 없었다.

마르크스는 예니의 얼굴도 보지 않은 채 옷을 입고 밖으로 나왔다. 밖으로 나와서 차가운 공기를 마시니 그제야 눈에서 뜨거운 눈물이 주르륵 흘러내렸다.

마르크스는 그토록 가고 싶었던 대영박물관의 열람실에 앉았지만 책을 제대로 볼 수 없었다. 마르크스는 펜을 들어 누군가에게 편지를 쓰고 싶었다. 아버지와 베스트팔렌 씨에게 자신의 처지를 말하고 싶었지만 아버지와 베스트팔렌 씨는 이미 세상을 떠난 사람이었다. 평소 종교에 무관심했던 마르크스였지만 그때만큼은 아버지와 베스트팔렌 씨를 위해 기도하고 싶었다.

'보고 싶은 아버지, 가족을 이끄는 것이 이렇게 힘든 일인지 몰랐습니다. 제가 자녀들을 키워보니까 이제야 알 것 같습니다. 아버지의 희생과 고통이 그동안 얼마나 컸는지 말입니다. 저도 아이들의 작은 손과 부리를 닮은 입술을 볼 때마다 아이들을 위해 살고 싶습니다. 하지만 부족하기만 한 저는 아이들을 배고픔과 질병으로 내몰고만 있습니다. 아버지가 보고 싶습니다.

그리고 또 한 분의 아버지 베스트팔렌 씨. 당신의 자랑스런 딸 예니를 여신처럼 받들며 살겠다고 맹세했지만 예니는 지금 하녀보다도 더 못한 삶을 살고 있습니다. 명문가의 귀족 딸로 곱게 자란 예니로서는 더욱 힘든 일일 테지요. 부끄럽기만 합니다. 세상의 모든 억눌린 자와 가난한 자의 변호사가 되겠다던 저의 약속은 점점 희망이 보이지 않습니다. 저에게는 지금 심한 분노와 좌절감 밖에 남아 있지 않습니다. 부디 힘을 주십시오. 세상의 빛이 보일 때까지 부디 저에게 힘을 주십시오.'

마르크스는 뒤늦게 철이 드는 것 같았다. 아버지와 베스트팔렌 씨가 살아 있는 동안 그들을 위해 아무 것도 해 주지 못한 것이 후회되었다. 아버지와 베스트팔렌 씨에게 위로를 받고 싶었지만 소용이 없었다.

마르크스는 살아있는 누군가에게 자신의 고통을 털어놓고 싶었다.

마르크스는 보던 책을 덮고 자신이 가장 아끼는 친구인 엥겔스에게 또
다른 편지를 썼다.

친애하는 친구 엥겔스에게

자네의 극진한 도움을 잘 아는 처지지만 지금 내 삶은 너무나 힘들군.
저번에 말한 대로 둘째 아들 귀도가 아직까지도 많이 아프다네. 겨울 내내
그랬지만 병원을 찾거나 의사를 부를 수가 없어. 약값과 치료비가 없기 때
문이지. 집 안에 더 이상 팔 물건이 없는 것도 벌써 8일이 지났는지, 10일
이 지났는지 모르겠네. 그 동안 말라비틀어진 빵 부스러기와 채 익지도 않
은 감자로 며칠을 버텼는데, 오늘부터는 그나마도 완전히 떨어졌을 거야.
아내가 먼 친척에게서 빌린 돈으로 내 옷을 찾았지만 오늘 집으로 가면서
다시 옷을 맡겨야 할 것 같네.
영국에 온 지 꽤 오래되었지만 대영박물관을 찾은 것이 오늘 처음이네.
그런데 처음이 마지막이 될 것 같군.

마르크스가 엥겔스에게 편지를 쓰고 나니 문 닫는 시간인 일곱 시였
다. 마르크스는 힘없이 편지를 들고 집으로 향했다. 자신은 하루 종일
굶었지만 아이들을 굶길 순 없어 다시 옷을 맡기기로 마음먹었다. 그
러나 마르크스가 집에 도착한 순간 예니와 아이들이 모두 울고 있는
것이 보였다.

예니가 떨면서 마르크스에게 다가와 안겼다. 울음 때문에 예니가 뭐라고 말하는지 잘 알아들을 수 없었다.

"귀도가……. 귀도가 죽었어요……."

마르크스는 땅이 꺼져 자신의 몸이 그 속으로 떨어지는 것처럼 느꼈다. 귀도가 누워 있는 소파로 달려가고 싶었지만 다리에 힘이 없어 그만 자리에 주저앉을 뿐이었다.

치료비가 없어 부끄러워하는 마르크스에게 기침을 참으며 오히려 아버지를 위로하던 귀도는 결국 폐렴으로 죽었다. 제때 치료를 받고 잘 먹으면 충분히 낫는 병이었지만 마르크스를 짓누르던 가난이 결국 귀도를 앗아간 것이었다.

그러나 귀도의 죽음은 끝이 아니라 고통의 시작이었다. 귀도가 죽은 다음해 태어난 딸 프란체스카는 두 살도 되지 못한 채 죽었다. 비위생적인 환경에 영양이 부족한 탓이었다. 프란체스카가 태어났을 때 요람을 살 돈이 없었으며, 죽었을 때도 관을 마련할 돈조차 없었다.

비극은 여기서 그치지 않았다. 마르크스가 가장 아끼는 장남 에드가마저 세상을 떠났다. 에드가의 나이 겨우 여섯 살이었다. 마르크스는 거의 혼절한 상태로 며칠을 보냈고, 슬픔을 견디다 못해 지독한 상실감에서 헤어나질 못하고 있었다.

마르크스는 에드가가 죽은 뒤 에드가의 죽음을 알리기 위해 친구 엥겔스 앞으로 편지를 썼는데, 그 편지는 눈물 자국으로 범벅이 되어 있었다.

귀중한 친구 엥겔스여

　나는 진짜 불행이 무엇인지를 이번에야 겨우 배웠다네. 귀도, 프란체스카에 이어 에드가 마저 어린 나이로 세상을 떠났다네. 여섯 살 때 헤어지면 나중에 세월이 흘러 다른 세상에서 만나더라도 내 얼굴을 기억할 수 있을까? 도대체 여섯 살짜리 아이에게 무슨 죄가 있을까? 모든 죄는 이 못난 아버지 탓이지.

　사람들은 위로를 한다고 나에게 한 마디씩 한다네. 곧 새로운 일들과 사람들을 만나게 되면 언젠가 에드가가 서서히 잊힐 것이라고. 그래서 새로운 흥밋거리를 찾으면 상실감은 쉽게 극복이 될 것이라고 말이야. 나는 사람들이 말하는 그런 사람은 못 되는 모양이야. 에드가의 죽음은 나에게 엄청난 영향을 주었다네. 에드가의 죽음 이후 나는 지금까지도 지독한 상실감에서 헤어날지 모르고 있다네. 그것은 나의 아내 예니도 마찬가지야. 아내 예니가 더욱 걱정이야. 아직도 정신을 차리지 못하고 있다네. 정신을 차리더라도 이내 에드가 이름을 부르다간 그만 혼절해 버리네.

　내가 그동안 겪은 고통의 한복판에서 그나마 나를 지탱해 준 것은 자네가 내게 보내 준 우정과 이 세상에서 해야만 하는 일에 대한 희망이었다네. 그러나 그 희망이 나의 가족들을 모두 죽음으로 내몰고 있는 것 같아. 제대로 된 치료를 한 번도 받지 못하고 아파도 아프다는 말 한 마디 못 하고 죽은 귀도를 보게. 태어나자마자 눕힐 요람이 없어 차가운 바닥에서 지낸 프렌체스카는 죽어서도 관조차 구하지 못했네. 이것이 사람 사는 세상인가?

마르크스가 엥겔스에게 편지를 보낸 다음해 일곱 번째 아이가 태어나지만 그해에 죽었다. 태어나서 한 해도 살아보지 못 하고 죽은 것이었다. 마르크스는 일곱 명의 자녀 중에 네 명을 그렇게 가난 때문에 떠나보내야 했다.

엎친 데 덮친 격으로 아내 예니 마저 아프자 마르크스는 한 의사에게 외상으로 치료를 부탁했다. 시간이 지나도 치료비를 받지 못한 의사는 치료를 중단했을 뿐만 아니라 그 동안 밀린 치료비를 받기 위해 빚 독촉을 하였고, 집달관을 보내 집안 살림과 집에 압류를 넣었다. 이에 마르크스는 가족을 데리고 엥겔스 집에 넉 달 이상을 숨어 지내기도 하였다. 비참함은 이루 말할 수 없을 정도였다.

마르크스가 가난한 것은 자신 때문이었다. 자신이 험난한 길을 선택한 탓이었다. 자신보다 가난한 자, 억눌린 자들을 위해 연구를 하지 않고 그들이 어떻게 되든지 자신만을 위해 공부를 했다면 자녀들은 어린 나이에 죽지 않았을 것이다. 마르크스는 그런 사실 때문에 괴로움이 더욱 컸다.

정신적인 괴로움에 궁핍한 생활, 그리고 비위생적인 여건 때문에 마르크스는 결막염과 간염으로 고생을 했으며, 거대한 악성 종기 때문에 여러 차례 죽음의 고비를 넘기기도 했다. 지옥보다도 더 지옥 같은 생활의 연속이었다.

7. 유럽으로 퍼지는 마르크스의 사상

마르크스는 차츰 병색이 짙어 가는 아내와 남은 세 딸을 위해 많은 시간을 들여 함께 했다. 더 이상 자식들이 고통 받지 않기 위해 안간힘을 썼다. 마르크스의 세 딸들도 자신들이 가난하다는 사실을 누구보다도 더 잘 알고 있었다. 남동생과 오빠가 죽는 것을 어린 나이에 봤기 때문이었다.

가장 막내인 엘레아노르는 어린 나이에도 불구하고 옷과 구두를 사 달라고 한 번도 조르지 않았다. 귀도가 기침을 참으며 아프지 않게 행동한 것처럼 엘레아노르도 구두가 다 떨어져도 그 사실을 숨겼다. 구

두를 새로 사 신을 형편이 되지 않음을 어린 나이지만 알았고, 구두를
사기 위해 아버지와 어머니가 또 얼마나 많은 고생을 해야 하는지 알
았기 때문이었다.

한 번은 엘레아노르의 구두가 다 떨어져 결국 발가락이 삐져나왔다.
그러나 엘레아노르는 불평을 하지 않고 발가락을 오므리려 구두 밖으
로 발가락이 보이지 않게 하고 다녔다. 그렇게 오래 다니자 그만 발에
쥐가 났고, 어린 엘레아노르는 더 이상 참지 못하고 주저앉아 울어버
렸다.

"아니, 왜 그래? 엘레아노르?"

라우라는 엘레아노르의 신발을 벗겨 발을 보았다. 발가락을 오랫동
안 오므리고 있어 잘 펼 수도 없었다. 그 모습을 본 라우라는 어린 동
생이 안쓰러워 자신의 구두를 벗어 주었다.

"엘레아노르, 구두가 떨어졌으면 말을 해야지? 그렇게 발가락을 오
므리고 다니니 발만 아프잖아. 자, 울지 말고 내 구두를 신어."

그 말을 듣고 엘레아노르는 언니를 바라보며 물었다.

"그러면, 언니는? 언니는 뭘 신고 다니려고?"

"나?" 라우라는 그것까지 생각해 보지 않았다. 오직 동생의 모습이
불쌍해 보여 무작정 자신의 신발을 벗어 준 것이었다. 그 모습을 본 장
녀 예니헨은 라우라에게 자신의 신발을 벗어 주었다. 언니 예니헨의
구두를 얻은 라우라는 막내 엘레아노르가 자신에게 물었던 것처럼 언

니에게 똑같은 질문을 하였다.

"구두를 주면 언니는 어떻게 해?"

그러자 예니헨도 어쩔 줄을 몰랐다. 자신도 동생을 위해 무조건적으로 신발을 벗어 주었지만 자신이 신을 신발 생각은 하지 못했다. 그런 모습을 본 엄마 예니는 자신의 신발을 벗어 장녀에게 주었다. 그러자 예니헨은 엄마의 신발을 받고 머뭇거렸다. 자신이 엄마의 신발을 신으면 엄마는 맨발로 다녀야 했기 때문이었다.

"엄마는?"

예니는 예니헨의 머리를 쓰다듬으며 괜찮다고 말했다. 그러면서 예니는 헛간을 뒤져 다 낡아빠진 남편 마르크스의 구두를 꺼내 신었다. 그러나 이미 그 구두는 해질 대로 해져 발가락이 다 튀어나왔다.

아무 것도 숨길 수 없는 좁은 집 안에서 일들이 벌어졌기 때문에 서로 구두를 주는 모습은 곧 마르크스의 눈에도 띄었다. 서로 구두를 벗어 주는 모습을 본 마르크스는 더 이상 참지 못하고 아내와 자식들이 보는 앞에서 그만 눈물을 보이고 말았다. 여자가 남자의 구두를, 그것도 신고 다닐 수도 없을 만큼 낡은 구두를 신은 아내의 모습을 보자 더 이상 울음을 참을 수가 없었던 것이었다. 그러자 예니는 마르크스를 오히려 위로했다.

"밑이 넓어서 얼마나 편한지 몰라요. 저는 집에서 살림만 하니까 이런 구두를 신어도 아무도 모를 거예요. 그리고 긴 치마로 가리면 누가 알겠어요? 자, 보세요? 제가 어떤 구두를 신었는지 보이지 않죠? 하지만 아이들은 치마가 짧아서 친구들이 금방 눈치 챌 거라고요."

그 말을 하면서 예니는 모델이 된 것처럼 주위를 빙빙 돌아다녔다. 마르크스와 딸들을 위로하기 위해서였다.

라우라의 구두는 엘레아노르가 신고, 예니헨의 구두는 라우라가 신었다. 그리고 예니헨은 엄마인 예니의 구두를 신었다. 아내 예니는 마르크스 자신의 구두를 신고.

그 모습을 보면서 마르크스는 굳은 결심을 했다. 비록 가난 때문에 아들이 모두 죽었지만 살아 있는 딸들에게는 정신적으로나마 절대 불행하지 않게 해 주리라고. 그래서 마르크스는 틈만 나면 딸들과 함께 이야기를 나누며 딸들의 이야기를 어른처럼 존중해 주었다.

마르크스 가족이 누릴 수 있는 유일한 즐거움은 여름의 몇 달 동안 일요일에 소풍을 가는 것이었다. 소풍은 주로 햄프스테드 히쓰(Hampsted Heath)로 갔는데 매번 걸어갔다. 바구니에 음식을 가득 채운 적은 한 번도 없었지만 가난한 살림에도 마르크스는 자식들에게 최대한 즐거움을 주려고 노력했다. 헴프스테드에 도착하면 큰 나무 아래 자리를 잡아 그늘에서 쉬었다.

아이들이 꽃을 꺾으면서 뛰어노는 동안 마르크스는 아내와 이야기를 나누거나 독서를 했다. 가끔은 엥겔스가 함께 소풍을 가곤 했다. 그들은 함께 노래를 부르고, 달리기 시합을 했다. 마르크스는 아이들을 위해 시를 낭송해 주었고, 등에 태워 주기도 하였다.

그러나 이렇게 유쾌하게 보낼 수 있는 시간은 극히 드물었다. 그런 유쾌한 시간 속에서도 마르크스는 자신의 죄책감과 좌절감을 극복하지 못하고 괴로워했다. 하지만 남은 세 딸과 예니 앞에서는 언제나 다정한 모습이었다. 혹시나 마음에 상처라도 받을까봐 유달리 신경을 써 주었다.

이런 상황에서 실낱같은 구원의 손길이 다가왔다. 미국의 〈뉴욕 트리뷴〉이라는 신문사에서 유럽 사정에 관한 고정 기사를 써 달라는 요청이 들어온 것이었다.

이러한 제의를 한 사람은 〈뉴욕 트리뷴〉의 해외 담당 편집자인 찰스 다나(Charles Augustus Dana)였다. 다나는 1849년 쾰른에서 마르크스를 알게 된 사람이었는데, 다나는 이미 그때부터 마르크스의 깊은 철학 세계에 감명을 받은 사람이었다.

〈뉴욕 트리뷴〉지는 발행 부수가 20만 부를 넘었는데, 이 정도면 당시 전 세계 신문들 중에서 최대 규모였다. 마르크스가 받게 될 돈은 기사당 1파운드였고, 마르크스는 거의 십 년 동안 매주 기사를 써 보냈다. 마르크스가 쓴 기사의 주제는 진보적인 이론에만 국한 된 것이 아니라 광범위한 분야에 걸쳐 있었는데, 이 주제들은 오늘날에 봐도 흥미로운 것들이다.

마르크스는 이 기사를 쓸 때 절대적으로 엥겔스의 도움을 받았다. 미국 신문이어서 영어로 기사를 작성해야 했는데 마르크스는 엥겔스만큼 영어를 하지 못했기 때문이었다. 언제나 그랬듯이 엥겔스는 마르크스의 부탁을 흔쾌히 들어주었다. 이런 마르크스와 엥겔스의 공동 작품은 대단한 호응을 얻어 상당수의 고정 독자들이 생길 만큼 인기가 치솟았다.

이 일을 계기로 마르크스와 엥겔스는 서로의 이름으로 신문사에 원고를 보내 줄 만큼 이론적으로도 완벽한 동지가 되었다. 주로 마르크스의 이름으로 신문에 발표되었지만 엥겔스가 초안을 잡아 준 원고도 상당하였다. 엥겔스가 미국 대중이 원하는 군사 소식을 주로 다루어 원고를 작성한 반면, 마르크스는 영국의 국내외 정치, 외교 정책, 차티스트(Chartist) 운동, 그리고 아일랜드와 먼 인도의 상황까지도 기사로 다루었다. 마르크스와 엥겔스는 서로 다른 상황을 기사로 작성하더라도 결말과 주제는 언제나 동일하였다. 엥겔스가 쓴 원고를 마르크스는 읽지 않고도 자신이 쓴 것처럼 신문사에 보냈는데, 그만큼 엥겔스에 대한 믿음이 절대적이었기 때문이었다. 엥겔스와 마르크스는 서로 이름과 생김새만 다를 뿐이지 생각하는 것은 이미 한 몸이 되어 있었다.

마르크스의 사상은 미국에서 뿐만 아니라 자신을 추방한 고국에서도 마르크스의 사상은 널리 퍼지게 되었다. 독일에서도 노동자를 위한 정당이 생기고 결국 이 정당은 마르크스의 사상을 전파하는데 큰 역할을 하였다.

뿐만 아니라 1864년에는 노동자들의 국제연합이라고 할 수 있는 '제1차 인터내셔널(The First International)'이 창설되었다. 이 인터내셔널은 노동자들이 국경을 초월하여 공동의 이익을 위해 공동의 전략을 만들고자 생긴 단체였다. 이 조직의 목적은 한 나라의 노동자들의 이익을 쫓는 것이 아니라 국경을 넘어 모든 노동자들의 이익을 옹호하는 것이었다. 이 조직은 여러 국가에 지부를 둔 초국가적인 단체였는데, 카를 마르크스는 드디어 이 국제적인 단체의 우두머리로 부상하였다. 마르크스의 사상과 철학이 드디어 한 나라를 넘어 국제적인 사상으로 전파되기 시작한 것이었다.

또한 마르크스는 이 무렵부터 가장 중요한 작품 중 하나인 《자본론》을 쓰기 시작했다. 자본론은 지금까지도 많은 학자들이 연구하는 저서로 자본주의를 분석하는 최고의 저서로 손꼽히는 저서이다. 마르크스는 이 책에서 '차르론'이라는 새로운 용어를 선보였는데 이는 《자본론》의 핵심 사상 중 하나이다.

노동자들이 시간과 노동력을 투여해 만든 생산물에는 노동자들의 임금에 해당하는 부분을 넘어 노동자들을 고용한 자본주의 몫까지 포함되어 있다. 이렇게 노동자들이 자신의 임금 부분을 넘어 고용주를 위해 초과해서 만든 생산물을 잉여생산물이라 하고 그 잉여분을 잉여가치라고 한다. 자본가들은 이러한 잉여가치를 높이기 위해 생산성을 높이는데 인간은 생물학적인 한계 때문에 어느 정도 이상의 노동을 하지 못 한다. 이때 자본가들은 분업과 기계화를 통해 더 많은 생산을 꾀한다. 여기에서 자본주의의 필연적인 모순이 발생한다. 생산성의 진보는 결국 노동자들의 여건을 열악하게 만들고 지속적인 잉여가치의 창출로 인해 자본가는 더욱 부를 가지게 되고 노동자들은 더욱 빈곤에 빠질 수밖에 없다는 것이 마르크스의 생각이었다.

이런 마르크스의 과학적인 분석 때문에 그 동안 노동자들에게 왜 빈곤과 가난이 생길 수밖에 없는 것인지 설명되었다. 이러한 《자본론》을 쓴 사람은 마르크스였지만, 이 책은 마르크스 가족과 엥겔스의 전폭적인 지원 없이는 탄생할 수 없었다.

마르크스가 거대한 악성 종기 때문에 침대에 꼼짝 못한 채, 집필하고 있을 때, 예니는 그의 상처에 뜨거운 습포를 붙여 주어야 했고, 그 동안 대영박물관으로 가서 자료들을 모아 온 사람은 딸 라우라였다.

특히 엥겔스는 마르크스에게 지적인 도움뿐만 아니라 경제적으로 결정적인 도움을 제공해 주었다. 엥겔스는 유산으로 물려받은 기업을 모두 처분하여 마르크스가 진 빚을 모두 갚아 주었을 뿐만 아니라 마르크스에게 연간 350파운드라는 연금을 제공해 주었다. 물론 더 큰 돈이 필요할 때도 엥겔스는 아낌없이 지원해 주었다.

가족과 친구 엥겔스의 도움이 없었더라면 불후의 명작이라고 부르는 《자본론》은 세상에 얼굴을 내비치지 못했을 것이다.

《자본론》은 1867년에 독일의 함부르크에서 독일어로 1천부가 인쇄되면서 세상에 나왔다. 비록 출발은 미미하였지만 이후 수많은 노동자들과 지식인 사이에서 불후의 명작으로 인식되었다.

마르크스는 전 유럽의 일하는 노동자들에게까지 책이 알려져 1871년에는 멀리 러시아의 노동자가 보낸 편지까지 받았다.

런던의 카를 마르크스 박사님께

선생님, 비록 선생님을 알지 못하는 사람이지만 선생님께서 탐구를 통해 이룩하신 그 무한한 가치에 대해 찬사를 보내는 것을 허락해 주시기 바랍니다. 선생님은 가난한, 특히 노동자들의 찬사를 받아 마땅합니다. 함부르크에서 출간된 선생님의 저서를 읽고 제가 맛본 감동은 선생님께 감사와 존경을 전해야겠다는 무례를 범하도록 이끌었습니다.

역사상 처음으로 선생님은 역사적 진화에 방향에 대해 과학적인 이론으로 표현하셨습니다. 지금까지는 자연의 맹목적인 힘에 불과하던 생산의 사회적 과정을 드디어 인간들이 만든 제도라는 것을 밝힌 것이지요.

선생님이 쓴 불멸의 작품은 바로 우리들에게 합리적인 토대를 만들어 주었고, 그동안 우리들이 만든 생산이 누구의 것인지 잘 가르쳐 주었습니다.

상트페테르부르크, 블라디미르 바실리 오스트로프 피혁 공장의 노동자
요제프 디에트젱 올림

  《자본론》이 러시아까지 널리 퍼진 것은 아이러니하게도 러시아 당국의 힘이 컸다. 러시아 정부는 검열을 통해 마르크스의 《자본론》을 금서로 묶어 두려 했다. 그러나 《자본론》을 읽은 검열관들은 《자본론》의 문체가 대중적이지 못 하고 학술 서적의 성격이 강해 아무도 읽지 않을 것이라고 말했다. 이 때문에 러시아에서 출간된 자본론은 러시아 언론의 주목과 호평을 받았다.

  그 당시 러시아 지식인들과 노동자들은 차르에 의한 왕정을 무너뜨리기 위해 온 정열을 바치고 있었다. 그러나 열정만 가득할 뿐, 제도나 법에 대해서는 거의 아는 게 없었다. 유럽에 널리 퍼져 있던 진보적이고 평등주의 사회사상이 차르에 의해 금지되어 있었다. 따라서 러시아에서는 유럽과 달리 여러 사상들이 전파되지 않고 있었다. 그런 상황에서 마르크스의 책이 출간되니 당연히 러시아의 지식인들과 노동자들은 마르크스의 사상에 매료되었다. 마르크스의 사상이 널리 퍼지게 된 것은 어쩌면 러시아 정부가 그동안 워낙 많은 것을 금지시켰기 때문이었다.

  당시까지만 해도 마르크스는 노동계와 지식인 그리고 경찰 세계 바깥에는 거의 알려지지 않은 인물이었다. 그러나 러시아 정부와 마찬가지로 유럽의 여러 국가에서는 마르크스를 혁명의 총책임자로 몰았고, 특히 영국 언론은 흑색선전을 통해 마르크스를 비판하게 되었다. 그 덕분에 마르크스는 더욱 알려지고 그의 사상은 더 많이 전파되었다.

마르크스를 잡고 금지시키기 위한 행동이었지만 그 덕분에 마르크스는 명성을 떨치기 시작했다. 마르크스의 얼굴이 유럽의 여러 신문들의 1면을 장식하고, 멀리 미국의 〈뉴욕 월드〉, 〈뉴욕 선〉, 〈뉴욕 헤럴드〉 등에서는 앞 다투어 인터뷰를 요청하기도 했다.

이로써 마르크스는 가난과 고통 속에서도 연구에 매진한 결과를 진정으로 얻은 것이었다. 런던과 파리, 그리고 독일과 러시아에 이르기까지 전 유럽에 마르크스의 사상이 급속도로 퍼진 것이다. 아버지와 베스트팔렌에게 한 도시의 변호사가 아닌 인류 전체의 변호사가 되어 평등한 법을 만들 기초를 만들겠다는 약속을 드디어 지킨 것이었다.

8. 역사 속으로

열려진 창문 사이로 향기로운 꽃 냄새가 물씬 풍겨왔다. 마르크스는 여섯 살짜리 에드가를 등에 업고 목마 놀이를 하고 있었다. 마르크스는 한 손으로 에드가의 작은 발을 잡은 채 어깨 너머로 귀여운 아들의 모습을 보았다. 즐거워하는 에드가의 얼굴을 보니 가슴이 뭉클하고 눈물이 흘러내렸다.

"오, 사랑하는 내 아들."

마르크스는 고개를 번쩍 들었다.

"에드가, 에드가, 어디 있니?"

마르크스는 방 안을 두리번거리다 창문으로 뛰어갔다. 정원에는 에드가 또래의 어린 손자와 손녀가 꽃을 든 채 뛰어 놀고 있었다. 마르크스는 하얀 수염을 쓸어내리며 한숨을 쉬었다. 책상에 엎드린 채 잠깐 잠이 들었던 모양이었다.

비록 꿈이었지만 몇 년 만에 보는 에드가의 얼굴이었던가. 마르크스는 새삼 자신이 늙어가고 있다는 사실을 깨달았다. 강한 정신력으로 연구를 하던, 그리고 가난에도 굴복하지 않던 젊은 날의 모습은 이제 어디에도 없었다. 다만 구레나룻과 턱수염이 가득한 털북숭이의 억센 노인에 불과했다. 몸의 기운도 예전 같지 않았다.

마르크스는 간밤에도 신문과 책을 읽고 글을 쓰느라 늦은 시각까지 잠을 자지 못했다. 얼마 전 리프크네히트(Liebknecht, Karl)가 보낸 글 때문이었다.

마르크스의 생애에서 바쿠닌과의 대결은 최후의 공적인 사건이 되었다. 마르크스주의 진영을 대표하던 리프크네히트는 인터내셔널의 해체로 라살레(Ferdinand Lassalle)추종자들과 손을 잡고 단일 통합당을 결성하고자 했다. 마침내 1875년 라살레 측과 리프크네히트 측은 고타(Gotha)에서 회의를 열어 동맹을 맺고는 양측의 지도자들이 작성한 공동강령을 발표했다.

고타강령은 사회주의와 그 최대의 적인 국가가 영원히 양립할 수 있다는 것을 인정하고 있었다. 평생 어떠한 타협안도 받아들이려 하지 않던 마르크스가 보기에 너무 많은 타협 정신이 들어 있었다.

마르크스는 〈고타강령 비판〉이라는 글을 통해 자신의 사도들이 라살레와 이른바 진정한 사회주의자들에서 유래해 오도되고 반은 무의미한 용어들에 미혹되어, 모호한 자유주의적 문구들을 마구잡이로 사용하고 있다고 그들의 개혁주의를 비난했다. 그가 바라는 것은 국가가 프롤레타리아트(무산계급) 독재의 형태를 취하여 시민사회를 완전히 지배하는 것이었다. 하지만 리프크네히트는 마르크스의 지시를 따르지 않고 오히려 라살레 측과 동맹을 계속 유지했고, 그 세력도 점차 커져 갔다.

고타강령에 대한 비판은 마르크스가 당 문제에 대해 열정을 갖고 개입한 마지막 경우였다. 라살레와 프루동이 1860년대에, 그리고 바쿠닌이 1876년에 죽었다. 이제 마르크스는 의심할 여지없이 도덕적이고 지적인 면에서 최고의 권위를 가진 사회주의자였다. 그러나 마르크스는 그런 권위에 안주하지 않고 청년 시절처럼 적극적인 연구에 몰두하고 싶어 했다.

마르크스는 쇠약해진 건강을 회복시키고 자유롭게 이론적 연구를 하면서 여생을 보내고 싶어 했다. 이런 마르크스의 심정을 잘 헤아린 사람은 역시 엥겔스밖에 없었다.

엥겔스는 마르크스의 생계를 안정시켜 주기 위해 죽을 때까지 매년 배당금을 받을 수 있도록 배려했고, 그 돈으로 마르크스는 마음 편히 연구에 전념할 수 있었다. 마르크스와 엥겔스는 거의 매일 만나 자신들을 존경하는 사회주의자들과 많은 서한을 주고받았다.

그 당시 딸 예니헨이 마르크스의 열렬한 지지자이자 독일의 외과 의사인 쿠겔만(Johann Kugelmann)에게 보낸 편지를 보면 엥겔스의 남다른 우정을 알 수 있다.

박사님께 아버지의 침묵이 병 때문이 아니라고 말할 수 있어 기쁩니다. 아버지의 건강은 다른 해 이맘때에 비하면 훨씬 좋은 편입니다. 분명 이것은 우리들의 착하신 엥겔스 박사님의 적극적인 조치 덕분입니다.

엥겔스 박사님은 현재 우리 집과 아주 가까운 곳에 살고 계시며, 아버지를 오랫동안 산책시켜 주시는 등 그 어떤 약보다도 더 효과가 좋은 일을 해 드리고 있습니다. 우리는 매일같이 엥겔스 박사님을 뵙고 아주 유쾌한 저녁 시간을 함께 보내곤 합니다. 며칠 전에는 집안에서 애국적인 큰 공연이 한바탕 벌어졌지요. 아버지와 엥겔스 박사님이 '크람밤불리' 라는 노래에 맞춰 〈라인 강에서의 보초〉를 공연했답니다. 나이가 들면서 점점 더 어린애처럼 굴어요. 물론 그것이 활력과 젊음을 되찾는 최고의 명약인 것 같아요.

마르크스는 어느덧 당대 최고의 권위를 지닌 국제 사회주의자가 되었다. 하지만 청년 시절이나 중년 시절처럼 적극적인 활동을 펴기에는 체력이 받쳐 주지 않았다. 그 동안의 과로와 빈곤이 그의 건강을 해쳤기 때문이었다.

마르크스는 자기 자신이나 자신의 삶에 대해 말을 아끼는 편이었다. 자신이 유대인이라는 사실도 입 밖에 꺼내지 않았다. 마르크스는 나이가 들어가면서 점점 더 성급하고 과민해졌다. 그는 자기의 생각에 동의하지 않는 사람들과의 모임에는 참석하지 않았다. 점점 인간관계에 어려움을 느끼게 되었다.

노년에 들어서도 마르크스의 생활 방식은 달라지지 않았다. 아침 일곱 시에 일어나면 으레 블랙커피를 여러 잔 마신 후 서재로 들어갔다. 오후 두 시 까지는 책을 읽고 글을 썼다. 점심 식사도 서둘러 마친 후에는 다시 서재로 들어가 작업에 몰두했다. 가족들과 저녁 식사를 한후에는 햄프스테드 히스로 산책을 나가거나 아니면 또 서재로 다시 들어가 다음 날 새벽 두세 시까지 책을 읽고 글을 쓰는 생활을 했다.

그가 대부분의 시간을 보낸 서재는 2층에 있었다. 커다란 창문으로 밝은 햇살이 쏟아져 들어왔고, 창가에 서면 나무와 화단이 내려다 보였다. 창문 맞은편에는 큼지막한 벽난로가 있었고, 그 양쪽으로는 책장이 놓여 있었다.

책장 위에는 늘 신문과 원고 꾸러미들이 천장까지 높이 쌓여 있었다. 창문의 한쪽 옆에는 두 개의 테이블이 있었는데 그 위에도 갖가지

서류와 신문, 책들이 수북이 쌓여 있었다. 서재에 들어서면 묵은 책 냄새가 강하게 맡아졌다. 마르크스가 좋아하는 냄새였다. 그는 이 냄새를 맡으며 책을 읽고 싶은 욕구에 늙어 가는 줄도 모르고 지냈다.

서재 한 가운데에는 마르크스가 책을 읽거나 글을 쓰곤 하는 작은 책상과 의자가 놓여 있었다. 이 의자와 책장 사이에 가죽 소파가 있었는데 마르크스는 가끔 소파에 누워 쉬곤 했다. 물론 쉬면서도 그는 늘 쓰는 글에 대한 구상에만 매달렸다. 벽난로 선반 위에는 더 많은 책이 쌓여 있었고, 시가나 성냥갑, 담배 단지가 여기저기에 놓여 있었다. 그리고 딸들과 아내, 엥겔스, 빌헬름 볼프의 사진들이 편지 뭉치들과 흩어져 있었다.

마르크스는 자신의 책이나 서류를 정리하지 못하게 했다. 그런데도 마르크스는 자기가 원하는 책이나 원고는 무엇이든 쉽게 찾아냈다. 찾아온 손님과 대화를 하다가도 책장에 달려가 적절한 문장이 적혀 있는 책을 곧바로 찾아내 보여 주거나 참고 문헌을 찾기도 했다.

마르크스는 책장의 모서리 부분을 접어놓기도 하고 본문에 밑줄을 긋거나 여백에 연필로 무엇인가를 적어 놓기도 했다. 그는 기억을 새롭게 하기 위해 해마다 자신의 노트들을 다시 읽고 이런저런 구절들에 밑줄을 긋곤 했다. 마르크스는 오래 전부터 기억 훈련을 해와 그의 기억은 생생하면서도 정확했다.

가족에 대한 애정이 남달리 컸던 마르크스는 1870년대에 세 딸과

두 사위와 손자들을 한 지붕 아래로 맞아들이는 기쁨을 누렸다. 오랜 세월 동안 일요일이 되면 마르크스는 주로 자신이 사랑하는 아이들과 시간을 보내왔다. 자식들이 성장해서 결혼한 후에는 조그만 손자와 손녀들의 손을 잡고 거닐며 함께 했다.

그의 가족들은 모두 별명으로 불렸다. 마르크스 자신은 거무스름한 얼굴색이나 험악한 인상 때문에 무어인이나 악마로 불렸다. 가족과의 관계는 언제나 따뜻한 애정으로 가득했다.

그 당시 상류사회에서는 일종의 진실 게임이 유행했다. 저녁 식사를 마친 마르크스는 벽난로 앞에서 가족들과 담소를 즐기고 있었다. 그때 라우라가 마르크스에게 진실 게임을 하자고 조르기 시작했다. 손자 손녀들을 비롯해서 두 명의 사위가 마르크스를 바라보고 있었다. 이에 마르크스는 기분 좋게 웃으며 고개를 끄덕였다.

라우라는 마르크스에게 진실만을 말할 것을 맹세하도록 했다. 라우라가 한 가지씩 질문을 하면 마르크스는 곧바로 대답했다. 라우라는 미리 준비한 질문지를 보고 말하면서 답을 적기도 했다.

라우라가 첫 번째 질문을 했다.

"당신이 일반 사람들에게서 가장 높이 평가하는 자질은 무엇인가요?"

마르크스는 빙그레 웃으며 말했다.

"담백한 성품 정도라고 해 두지."

라우라는 치마 자락을 한 손으로 잡아끌며 물었다.

"남자들의 자질 중 가장 큰 것은 무엇이라고 생각하나요?"

마르크스는 주먹을 불끈 쥐어보며 말했다.

"물론 힘이지."

"그럼 여자들에게는 무엇이 있지요?"

라우라는 아버지를 바라보았다.

"연약함이라고 할 수 있지."

라우라는 헛기침을 하며 제법 진지하게 물었다.

"그럼, 카를 마르크스 당신의 특징적인 자질은 무엇인가요?"

마르크스는 생각에 잠기며 말했다.

"음, 한 가지의 목표를 향해 매진하는 것."

마르크스의 딸들은 아버지를 자랑스럽게 바라보았다.

"행복과 불행에 대한 당신의 생각을 간단하게 말해 보세요."

조그만 손자가 살짝 끼어들었다.

"에헤, 무슨 시험 보는 것 같아."

그러자 라우라가 얼굴을 찌푸리며 조용히 하라고 주의를 주었다.

"그것은 투쟁과 굴복이라고 생각하네."

마르크스는 담뱃갑을 집으며 말했다.

"당신이 가장 쉽게 용서해 주는 결점은 무엇이죠?"

라우라의 질문은 계속되었다.

"남을 쉽게 믿는 것이지."

마르크스는 벽난로의 불빛을 바라보며 말했다.

"당신이 가장 혐오하는 결점은 무엇이죠?"

마르크스는 짧게 대답했다.

"굴종"

"당신이 반감을 갖는 사람은 누구인가요?"

"영국 시인인 마틴 터퍼"

"당신이 좋아하는 것은?"

라우라의 질문에 모든 가족이 똑같이 말했다.

"독서"

마르크스가 미소 지었다.

"당신이 좋아하는 시인들은?"

라우라는 질문하면서도 답을 알고 있다는 듯 고개를 끄덕거렸다.

"셰익스피어, 아이스퀼로스, 괴테"

마르크스의 대답에 가족들이 웃었다. 그들로서는 너무 뻔한 질문이었던 것이다.

"당신이 좋아하는 소설가는 누구죠?"

라우라는 가족들에게 기대하라는 듯 한쪽 눈을 찡긋하며 말했다.

"디드로"

마르크스는 만족한 표정으로 답했다.

"당신이 좋아하는 남자 주인공은 누구죠?"

"셰익스피어, 그리고 클레버"

마르크스의 대답에 라우라가 방긋 웃었다.

"당신이 좋아하는 여자 주인공은요?"

마르크스는 잠시 생각하다 말했다.

"그레첸"

"당신이 좋아하는 꽃은?"

라우라가 묻자 아이들이 제각기 꽃 이름을 떠들어댔다.

"월계수 꽃을 좋아합니다."

마르크스는 왕에게 인사를 하듯 고개를 숙이며 말했다.

"당신이 좋아하는 색깔은 뭐지요?"

또 한 번 아이들이 파랑, 노랑, 초록 등을 외쳐댔다.

"나는 빨강 색을 좋아하죠."

마르크스는 담배 연기를 뿜으며 말했다.

"당신이 좋아하는 이름은 뭐지요?"

라우라는 턱을 치켜들며 물었다.

"라우라와 예니"

마르크스의 대답에 모두들 얼굴이 굳어졌다.

마르크스가 가장 사랑했던 그의 아내 예니가 죽은 지 얼마 지나지 않았을 때였던 것이다.

"당신이 좋아하는 음식은?"

마르크스는 죽은 아내를 생각하며 말했다.

"나의 예니가 해 주는 생선 요리."

모두들 고개를 끄덕였다.

라우라는 멈추지 않고 계속 질문했다.

"당신이 좋아하는 격언은 무엇인가요?"

마르크스는 눈을 지그시 감으며 말했다.

"인간의 그 무엇도 나와 무관하지 않다."

"이제 마지막 질문입니다. 당신이 좋아하는 좌우명은 무엇인가요?"

라우라의 말에 모든 가족들이 일제히 함께 말했다.

"모든 것을 의문시하라."

진실 게임이 끝나자 가족들은 두 사람에게 박수를 쳐 주었다. 마르크스는 라우라의 이마에 키스를 하며 다섯 살짜리 손녀딸을 번쩍 들어 올렸다.

마르크스의 즐거움은 주로 독서와 산책이었다. 그는 시를 좋아해서 단테나 셰익스피어의 장시들을 외우고 있을 정도였다.

셰익스피어에 대한 찬사는 끝이 없을 정도였는데 그로 인해 가족 모두에게 셰익스피어는 생활의 일부나 다름이 없었다. 가족들은 누구나 셰익스피어의 작품을 큰소리로 읽고 연기했으며 작품에 대한 토론도 끊임없이 벌이곤 했다.

한때 마르크스는 영국에 도착해서 영어 실력이 모자란다는 것을 깨닫고는 세익스피어의 작품 속에 나오는 문장 표현들을 목록으로 만든 다음 외워 버렸다. 러시아어를 배울 때에도 그는 고골리(Gogol, Nikolay Vasilyevich)와 푸슈킨(Aleksandr Sergeevich Pushkin)의 작품들을 읽으면서 의미를 모르는 단어가 나올 때마다 밑줄을 그으며 공부했다.

그는 젊은 시절부터 좋아하는 작품들을 읽어 왔고, 기분 전환이 필요할 때마다 뒤마(Dumas, Alexandre)나 스콧(Scott, Sir Walte) 또는 당대의 프랑스 소설을 읽곤 했다. 특히 마르크스는 발자크(Balzac, Honorde)를 높이 평가해서 그의 소설이 당대의 부르주아 사회에 대한 가장 예리한 분석을 제공하고 있다고 평가했다.

마르크스는 책에 대한 열정이 워낙 커서 다른 취미를 가질 여유가 없었다. 그는 한평생 엄청나게 많은 양의 책을 읽었다. 특히 말년에는 너무 책을 많이 읽어 저술 작업을 방해할 정도였다. 생애의 마지막 십년 동안 새로운 언어인 터키어를 공부하면서까지 새로운 분야에 대한 열정을 감추지 않았다. 책을 읽느라 글을 쓰기는커녕 산더미 같이 쌓인 원고들을 정리하지도 못했다.

그러는 동안 마르크스의 몸은 하루가 다르게 쇠약해졌다. 마르크스의 아내인 예니 마르크스는 오랫동안 고통 속에서 앓다가 암으로 죽었다. 엥겔스는 마르크스가 제일 사랑했던 딸 엘레아노에게 보낸 편지에서 '예니가 죽으면서 무어인(마르크스의 별명으로 자기 자신을 가리킴)도

죽었다.' 라고 쓸 정도였다. 마르크스는 아내가 죽은 후 2년을 더 살았다. 그 동안에도 마르크스는 여전히 이탈리아인, 스페인인, 러시아인들과 폭넓은 서신을 주고받았다.

주치의의 권유대로 마르크스는 알제리로 휴양을 떠났다. 하지만 알제리로 가는 동안에 그만 급성 늑막염에 걸리고 말았다. 춥고 습기가 많은 북아프리카에서 한 달을 보낸 후 마르크스는 오히려 병이 악화된 채 유럽으로 돌아와야 했다.

유럽에서는 일광욕을 위해 프랑스의 리비에라 해안의 여러 마을을 돌아다니다 파리로 갔다. 마르크스는 그곳에서 얼마 동안 큰딸 예니헨의 집에서 머물렀다. 그나마 예니헨의 집에서 평온한 마음을 되찾을 수 있었다. 그런데 런던으로 돌아온 지 얼마 되지 않아 예니헨이 갑자기 죽었다는 소식을 듣게 되었다.

그 소식으로 마르크스는 죽을 때까지 충격에서 벗어나지 못했다. 젊은 시절 잃었던 아이들의 얼굴도 차례대로 떠올랐다. 그 다음해에 마르크스는 폐종양에 걸리고 말았다.

병이 점점 악화되어 1883년 3월 14일, 마르크스는 서재의 안락의자에 앉은 채 숨을 거두었다. 그는 하이게이트 공동묘지에 있는 아내 곁에 묻혔다. 장례식에 참석한 사람은 몇 안 되었다. 가족과 몇 명의 개인적인 친구, 몇몇 나라에서 온 노동자 대표들이었다.

장례식에서 마르크스의 유일한 친구인 엥겔스가 감동적인 추모 연설을 했다. 그것은 그의 친구 마르크스가 살아생전 이룩한 업적과 성격에 관한 내용이었다.

"유럽과 미국의 전투적인 프롤레타리아트가 마르크스의 죽음으로 잃어버린 것, 또한 역사 과학이 잃어버린 것, 그것을 사람들은 도저히 헤아리지 못할 것입니다. 이 거인의 죽음이 남긴 공백은 머지않아 크게 느껴질 것입니다. 다윈이 유기적 자연의 발전 법칙을 발견했듯이, 마르크스는 인간 역사의 발전 법칙을 발견했습니다.

한평생 그의 사명은 어떤 식으로든 자본주의 사회를 전복시키는 데 기여한 것이었습니다. 오늘날의 프롤레타리아트(무산계급)의 해방에 기여하는 것이었습니다. 그는 프롤레타리아트가 자신들의 지위와 필요에 관해, 그리고 자유를 얻기 위한 조건에 관해 의식하게 만든 최초의 인물이었습니다. 투쟁은 그에게서 떼어낼 수 없는 것이었습니다.

그는 누구도 필적할 수 없을 만큼의 정열과 불굴의 의지를 가지고 투쟁했으며 그 누구와도 비교할 수 없는 성공을 거두었습니다. 이런 이유로 그는 자기 시대에 미움과 비방을 가장 많이 받은 사람이었습니다. 그는 시베리아의 광산에서 캘리포니아 연안에 이르기까지 유럽과 미국의 모든 곳에서 수백만의 혁명적 노동자 동지들의 사랑과 존경과 애도 속에 죽었습니다.

그의 이름은 그의 작품과 더불어 수 세기 동안 시대를 뛰어넘어 길이 이어질 것입니다."

마르크스의 죽음은 거의 알려지지 않았다. 〈더 타임스〉는 짧은 사망 기사를 실었지만 그나마 정확한 내용도 아니었다. 마르크스가 런던에서 죽었는데도 파리 통신원이 프랑스의 사회주의 신문에 실린 마르크스 사망 기사를 보고 단신의 형식으로 보낸 기사를 실은 것이었다.

카를 마르크스는 뛰어난 지성과 놀라운 학식으로 자신을 찾아온 방문객들을 사로잡았으며, 신랄한 풍자로 그의 적대자들이 대꾸를 못할 정도로 질리게 만들었으며, 자신의 경쟁자들을 모욕했고, 감히 개인적인 견해를 갖는다고 화를 내어 자신의 모든 친구들을 실망시켰다. 또한 자신은 공장에 발 한 번 들여놓지 않은 채 프롤레타리아들에게 역사적 사명을 맡겼고, 부르주아들을 야유했다.

마르크스 이전에도 계급투쟁과 공산주의에 대해 말한 사람들은 있었다. 그러나 마르크스는 그것이 폭력적인 테러리즘의 방식이 아니라 정치조직을 만들고, 그 정치조직이 권력을 잡는 새로운 방식을 고안했다. 그리고 마르크스는 직업적인 혁명가가 아닌 경제 이론가 혹은 철학자로 생각되었고, 또 자기 자신도 항상 그렇게 생각했다. 그래서 자신이 가진 무기는 펜과 지식임을 그는 언제나 말했다. 그러나 마르크스의 사상을 두려워하는 사람들은 마르크스를 마치 악마처럼 만들어 마르크스라는 이름만 들어도 두려운 존재로 만들어버렸다. 그러나 마르크스는 오직 한 평생을 연구만 한 철인(哲人)이자, 학자일 뿐이다.

사랑스러운 남편이요, 다정한 아버지이면서도 자신의 가족에게 오랫동안 시련을 주었던 것처럼 마르크스는 빛나는 재능과 대조를 이루는 그늘진 일면이 있었다.

파리 코뮌 이후 어느 정도 알려졌다고는 하나 마르크스는 거의 무명으로 죽었다. 사회주의 투사들 외에 마르크스가 평생 소리 높여 외쳤던 주장들을 아는 이는 거의 없었고, 그의 저작물을 읽은 이는 더더욱 없었다.

그러나 19세기에 살다간 마르크스는 세계에 대한 총체적인 이해를 시도한 사상가들 가운데 하나로서, 정치적인 면에서나 철학적인 면에서 다른 사상가들보다 폭 넓은 영향을 20세기에 끼친 인물이다.

마르크스에 대한 현대의 평가는 다양하다. 절대적인 존경을 표하는 사람이 있는가 하면 또 정반대로 무조건적으로 거부하는 사람들도 있다. 그러나 분명한 것은 마르크스는 직업적인 혁명가도 비합리적인 테러리스트도 아니다. 마르크스는 다만 가족과 철학을 사랑한 학자이다. 마르크스 자신의 말 대로 마르크스 자신은 결코 마르크스주의자가 아니었던 것이다.

마르크스 연보

1818년	5월 5일 카를 마르크스는 독일의 작은 도시 트리어에서 태어났다. 트리어는 1797년 이후 약 20년 동안은 프랑스의 지배하에 있었고, 1815년부터는 프로이센왕국의 지배하에 있었다. 당시 프로이센왕국은 혹독한 왕정정치를 펼쳤지만 한때 프랑스 지배를 받은 적이 있던 트리어 사람들은 자유 · 평등 · 박애를 기초로 한 프랑스대혁명의 영향을 받고 있었다. 카를 마르크스의 아버지인 하인리히 마르크스와 예니의 아버지

루트비히 폰 베스트팔렌은 왕정에 반대하고 민주주의를 지지하는 지식인들이었다. 카를 마르크스는 그런 자유롭고 반체제적인 분위기 속에서 성장하였다.

1824년 카를 마르크스의 아버지는 유대인이면서 변호사였다. 당시 프로이센왕국은 유대인들에게 많은 제약을 가했다. 고위 관료로 나가지도 못하게 했고, 큰 기업도 운영하지 못하게 했다. 물론 변호사 직무도 수행할 수 없었다. 하인리히 마르크스는 아내의 만류에도 불구하고 유대교에서 기독교로 개종했다.

1830년 트리어고등학교에 입학한다. 카를 마르크스는 유년기를 모두 트리어에서 보냈다. 고등학교 때까지 학업 성적은 중간 정도였다. 그러나 장인이 될 루트비히 폰 베스트팔렌의 권유와 도움으로 수많은 문학작품을 읽어 또래들보다 더 풍부한 감성과 지식을 쌓았다. 이는 나중에 카를 마르크스에게 소중한 재산이 된다. 마르크스가 철학자가 될 수 있었던 것도, 그리고 신문을 만들고, 신문과 잡지에 글을 쓸 수 있었던 것도 모두 청소년 시절에 읽은 수많은 문학작품이 바탕이 된 것이었다.

1835년 독일의 대학 입학 자격시험인 '아비투르'에 합격해

서 본 대학 법학부에 입학한다. 이때 카를 마르크스
는 생애 처음으로 가정과 트리어를 떠나 홀로 생활하
게 된다.

1836년　　　카를 마르크스는 드디어 철학을 만나게 된다. 카를 마
르크스가 본 대학교 법학부에 입학한 것은 아버지인
하인리히 마르크스의 뜻이었다. 아버지는 카를 마르
크스가 자신처럼 변호사가 되기를 원한 것이었다. 카
를 마르크스는 누구보다도 아버지의 말을 잘 따랐다.

1838년　　　카를 마르크스의 정신적 지주이자, 가장 든든했던 아
버지 하인리히 마르크스가 세상을 떠난다. 그러나 가
장이 된 카를 마르크스는 이제 학비는 물론 트리어에
있는 가족까지 먹여 살려야 했다. 가난함 속에서도 끝
까지 공부를 포기하지 않은 카를 마르크스는 드디어
1841년, 법학부를 아주 우수한 성적으로 마치고 〈데모
크리토스 철학과 에피쿠로스 철학의 차이〉에 관한 박
사 학위 논문을 발표한다.

1843년　　　영원한 사랑 예니와 드디어 결혼을 한다. 같은 마을에
서 어릴 때부터 친구처럼 지낸 네 살 연상의 예니와
마르크스는 약혼한지 7년 만에 결혼을 한다.

1848년　　　마르크스를 역사상 가장 영향력이 있는 철학자와 사

상가로 만든 《공산당선언》이 출간된다. 독일어로 써져 영국 런던에서 출간된 이 책은 처음에는 극히 소수의 사람들만이 읽었다. 그러나 시간이 흐를수록 《공산당선언》은 사람들 사이에 퍼져 나갔고 1980년대까지는 지구의 3분 1이상의 나라들이 이 책을 지지했다. 그는 자신이 가진 최고의 무기는 펜(pen)임을 더욱 확신하게 되었고, 1849년 민주주의의 목소리라고 부르는 〈신 라인신문〉을 창간한다.

1850년   끝이 보이지 않는 망명 생활로 생활은 극도로 피폐해졌고 마침내 사랑하는 아들 귀도가 세상을 떠난다. 마르크스에게 있어 가장 힘든 시기였다. 여러 번의 망명 끝에 런던에 머무르게 되지만 무엇보다도 가난이 마르크스 가족을 괴롭혔다. 결국 마르크스가 아끼던 아들 귀도가 죽었고, 2년 후에는 딸 프란체스카마저 세상을 떠난다. 또 그로부터 3년 후에는 또 한 명의 아들 에드가 역시 잃게 되었고, 다시 2년 후에는 일곱 번째 아이가 출생과 거의 동시에 세상을 떠났다. 철학과 혁명만큼 가족을 사랑한 마르크스에게는 이루 말할 수 없는 고통이었다. 그는 뼈저리게 느낀 고통을 공부와 연구에 쏟았다.

1862년   마르크스는 자신의 가장 대표적인 책이라 할 수 있는
《자본론》을 쓰기 시작한다. 마르크스는 자본주의라는
구조를 분석하여, 상품과 화폐와 교역에 대한 이론까
지 제시한다. 또한 《자본론》에서 그는 지금까지도 자
본주의 분석에 핵심적인 역할을 하는 '잉여가치론'을
제시했다. 잉여가치론은 임금은 노동의 산물이며, 이
산물을 예전의 경제학자들은 사람들이 사는 상품과
동일하게 보았다.

1882년   마르크스의 영원한 동반자 아내 예니가 세상을 떠난
다. 아내를 잃고 늑막염으로 고생을 하던 마르크스는
결국 예니가 죽은 2년 후에 폐종양으로 숨을 거둔다.
그의 장례식에 참석한 사람은 스무 명도 채 되지 않았
다. 빌헬름 리프크네히트가 독일 노동자들의 이름으
로 작별 연설을 했고, 폴 라파르그가 프랑스 노동자들
의 이름으로 작별 인사를 했으며, 프리드리히 엥겔스
가 그에게 추도사를 바쳤다.